DISCOURS
SUR L'HISTOIRE
DES FONDATIONS
ROYALES,

ET DES ETABLISSEMENS FAITS
fous le Regne de LOUIS LE GRAND,
en faveur de la Religion, de la Juſtice,
des Sciences, des beaux Arts, de la Guerre,
& du Commerce ; avec les Particularitez
de la Naiſſance du ROY.

DEDIE'
A MADAME DE MAINTENON.

*Par Mr RICHARD Prêtre, Conſeiller
du Roy, Hiſtoriographe des Fondations
Royales de LOUIS LE GRAND.*

A PARIS,

Chez JACQUES LE FEBVRE, ruë de la Harpe,
au Soleil d'Or.
ET
CHARLES OSMONT, dans la Salle du Palais,
à l'Ecu de France.

M. DC. XCV.
Avec Privilege du Roy.

A MADAME

DE

MAINTENON.

ADAME,

Les circonstances de la Naissance de Loüis XIV. & l'Histoire des Fondations qu'il a faites depuis son avenement à la Couronne, sont d'une si grande importance pour sa gloi-

re, que j'ai crû n'en devoir faire
paroître l'Abregé, que sous le
Nom Illustre de la Personne
du monde la plus appliquée à
seconder le Zele de ce Prince
également pieux & magnifique.
Je sçai bien, MADAME,
que comme la Miniature est
l'éceuil des Peintres les plus
habiles, l'Abregé l'est aussi des
Histories les plus exacts. Ceux-
là doivent renfermer dans un
racourci tous les traits du visa-
ge, sans en diminuer la beauté :
Ceux-cy sont obligez de donner
dans un petit espace, une grande idée de leur Sujet, sans en
obscurcir l'éclat. Mais si Apel-

les, avec le secours de quatre
couleurs seulement acheva si
heureusement le Portrait d'A-
lexandre, qu'il fut trouvé digne d'être placé dans le Temple
de Diane, j'ose me flater, que
quand je ne parlerois que de
quatre grandes Choses que le
Roy a faites dans l'Etablissement des Invalides, l'Institution des Jeunes Gentilshommes,
la Fondation Roïale de S. Cyr,
& dans la Création des Che-
valiérs de l'Ordre de S. Loüis,
cela seul meriteroit de trouver
place dans vôtre Cabinet, plus
auguste mille fois que le Temple
de Diane. Quand je ne ferois

ā iij

EPISTRE.

même qu'expoſer aux yeux de
l'Univers les ſimples motifs de
la Pieté, qui a donné le deſſein
de ces grandes Fondations, &
de la Sageſſe qui les a ſi heu-
reuſement conduites à leur perfection ; je laiſſerois encore aux
Siecles futurs une aſſez haûte
idée de l'amour de cet incom-
parable Monarque, pour la
Nobleſſe de ſon Royaume.
Mais comme j'y joins auſſi le
Plan de tous les autres Etabliſſemens faits ſous ſon Regne,
j'eſpere, MADAME, que
le récit de ces merveilles, où
vos Conſeils ont tant de part,
ne vous déplaira pas, & que

EPISTRE.

vous daignerez recevoir ce petit livre, avec la même bonté qui vous fît agréer les avis sur le choix d'un bon Directeur, que je dédiai autrefois aux Demoiselles de S. Cyr. Comme c'est toûjours le même Zele qui m'anime, c'est aussi la même protection que je demande, dans le besoin que j'ai d'un secours extraordinaire pour finir un Ouvrage, où l'Eglise & l'Etat ont interest. Vous l'accordez, MADAME, cette puissante Protection à tout ce qui regarde la Religion. Vos éminentes Vertus en avoient si bien persuadé un grand Pape*

* Alexandre VIII.

EPISTRE.

qu'il vous en demanda luy-
même les effets par le Bref qu'il
vous adreſſa : Vous ne ſçauriez
la faire ſentir à un Sujet plus
paſſionné pour la gloire de ſon
Prince que je le ſuis, & qui
ait pour vôtre rare mérite plus
de veneration & de reſpect
qu'en aura toûjours,

MADAME,

Vôtre tres-humhle, & tres-obéiſſant
ſerviteur, RICHARD.

DISCOURS

DISCOURS
SUR L'HISTOIRE
DES
FONDATIONS ROYALES

Et des Etabliſſemens faits ſous le Regne
de LOUIS LE GRAND, en
faveur de la Religion, de la Juſtice,
des Sciences, des beaux Arts, de la
Guerre & du Commerce, avec les
particulitez de la Naiſſance du Roi,
qui ont donné occaſion à cet Ouvrage.

DE tous les avantages de
ceux qui écrivent l'Hiſ-
toire, à mon ſens, le plus
glorieux, eſt celui de faire les Annales d'un Heros, qui s'eſt attiré
par ſa vertu le reſpect & l'amour
de ſes Sujets, & l'admiration de
tous les hommes. S'ils n'ont pas

A

l'honneur d'entrer dans son Conseil, de l'accompagner dans ses grandes entreprises, de commander ses Armées, de conduire ses projets, d'executer ses ordres; ils ont le plaisir de sçavoir toutes ses démarches, d'écrire toutes ses actions, de publier tous les grands évenemens arrivez sous son regne, avec les circonstances qui les ont accompagnez, & que le public ne sçait qu'imparfaitement; & la gloire & le bonheur du Heros dépend souvent autant de son Historien, que celle de l'Historien dépend du merite & de la valeur de son Heros. Tout le monde demeure d'accord que Quintcurce ne s'est guere moins immortalisé par le recit éloquent des actions d'Alexandre le Grand, que ce fameux Conquerant par ses entreprises; & l'on ne craint pas de dire que si Alexandre étoit le seul qui fit trembler toute la terre par la rapidité de ſes Victoires, Quint-curce auſſi étoit l'unique qui pût dans un beau ſtyle nous laiſſer une fidéle hiſtoire des prodiges de ce grand Conquerant, & en lui donnant par un ſi bel Ouvra-ge une gloire qui durera autant que le monde, il le conſole de n'avoir pas eu comme Achille un Homere pour ſon Panegyriſte.

Ceux qui ont entrepris d'é-crire l'Hiſtoire entiere de LOUIS LE GRAND, peuvent ſans temerité prétendre à un plus grand honneur que celui de Quintcurce, puiſqu'en écrivant la Vie du Roi, ils ont l'avantage d'écrire les actions du plus grand Prince qui fut jamais. Cette gloi-re eſt reſervée aux Peliſſons, aux Racines, aux Dépreaux, aux de Riencourt, & à pluſieurs autres grands Hommes d'une capacité diſtinguée, qui ont conſacré tous leurs momens pour laisser à la posterité le recit des prodigieux evenemens d'un Regne si heureux. Ils n'ont garde d'oublier la moindre circonstance d'une Vie pleine des miracles étonnans, qui lui ont donné le Nom de GRAND; ce Nom qui rassemble toutes les vertus necessaires pour regner: en un mot ce Nom de GRAND, qui fait l'Eloge d'un Monarque, auquel il ne manque aucun des talens requis pour le Sceptre & pour la Couronne.

Pour moi qui n'ose entrer dans le détail exact de tant de grandes choses, je ne me suis proposé qu'une petite partie de ses faits heroïques, pour satisfaire le noble zele dont je me sens animé de travailler comme eux à la gloire d'un si grand Roi. La nature du travail, la grandeur du sujet, la consideration de ma propre foibleſſe, auroient dû me diſſuader d'un Ouvrage qui occupe les plus grands Hommes du monde. Mais ſi je leur abandonne un champ ſi vaſte & ſi digne de leur capacité, ils ne trouveront pas mauvais que je me retranche ſur l'Hiſtoire des Fondations Royales de LOUIS LE GRAND, & des Etabliſſemens faits ſous ſon Regne, en faveur de la Religion, de la Juſtice, de la Guerre, des Sciences, des beaux Arts, & du Commerce ; & je laiſſe à ces fameux Ecrivains la gloire d'écrire toutes les actions de ſa Vie.

Ils nous parleront de ſa Minorité, de ſon Sacre, de ſon Mariage, des Traitez faits avec les Souverains, des Guerres qu'il a entrepriſes, des Provinces qu'il a ſubjuguées, des Conqueſtes qu'il a faites. Ils le ſuivront à la Guerre à la tête de pluſieurs Armées

nombreufes, faifant des Sieges
en hyver aufii bien qu'en efté, fe
furpaffant lui-même, comme il
a furpaffé les autres ; infatigable
dans fes Veilles, terrible dans fes
Combats, moderé dans fes Victoires, toûjours Vaillant, toûjours Vainqueur, & refiftant feul
à toute l'Europe.

Ils inftruiront les fiecles avenir
de l'application qu'il a donnée
aux Affaires de l'Etat ; de la ré-
formation de la Juftice, partie la
plus delicate du Gouvernement ;
de celle des Finances, dont il a
empêché la diffipation, pour les
employer à bâtir des Places qui
font la feureté du Royaume, &
à entretenir des Armées invinci-
bles, qui rendent les efforts de
fes ennemis ou inutiles, ou im-
puiffans. Ils aprendront aux
Princes fes fucceffeurs, fon affidui-
té dans fes Confeils, fon heureux choix dans fes Miniftres, &

mille autres endroits d'une Vie
pleine de prodiges, que nos def-
cendans auront de la peine à
croire. Etant éloigné par ma
Profeffion de celle des Armes,
de la Robbe & des Finances, je
n'ai point d'autre deffein que de
montrer LOUIS LE GRAND
répandant fes liberalitez fur l'E-
glife pour faire des Fondations
également pieufes & magnifiques : Grand dans la ftruction
des Palais qu'il a faits ; Grand
dans les édifices des Hôpitaux
qu'il a fondez ; Grand dans la
deftruction de l'Herefie, & dans
la démolition de fes Temples ;
Grand enfin & redoutable dans
les Villes qu'il a fortifiées, &
dans les Ports de Mer que fon
activité a multipliez, pendant
que fes Sujets goûtoient les delices de la Paix. On le verra fa-
vorifant les Gens de lettres &
les beaux Arts, allant chercher

ceux-là dans les Païs les plus éloignez, & donnant à ceux-ci un relief qu'ils n'avoient jamais reçûs des autres Rois ses predecesseurs.

Mais quoique nos descendans ne puissent voir ces Fondations & ces Etablissemens, dont la durée ira de pair avec la Monarchie Françoise, sans lui donner des loüanges qui égaleront ces glorieux Monumens de sa gloire; mon devoir pourtant previendra le leur par des Eloges d'autant plus justes, que nous joüissons les premiers des bien-faits de sa liberalité. Et pour mettre le comble au bonheur que j'ai de parler le premier de ces Fondations & de ces Etablissemens, je souhaiterois pouvoir emprunter de ces genies superieurs une portion de leurs lumieres, afin que la force du style pût seconder la grandeur du dessein que je me propose.

Je fçai bien que ce n'eſt pas
le fait d'un Hiſtorien d'être Panegyriſte, qu'il doit ſimplement
raconter les actions & les paroles remarquables du Heros dont
il fait l'Hiſtoire; qu'en donnant
des loüanges il court riſque de
n'être pas crû; que le Heros,
s'il merite des Eloges, les doit
trouver dans la bouche de ceux
qui liſent ſa Vie. Mais ces loix
de l'Hiſtoire ne conviennent point
à la mienne; & cette portion que
j'ai priſe dans celle de LOUIS
LE GRAND, n'eſt point ſu-
jette à ces regles. Comme je
ne parlerai que des Fondations
Royales & des Etabliſſemens
faits ſous le Regne du Roi, nos
deſcendans qui en joüiront, ſeront eux-mêmes perſuadez que
je n'ai rien outré, puiſque ces
beaux & ſuperbes Monumens
feront comme un Livre ouvert
à tout le monde, qui prouvera

ce que j'aurai dit, & on me sçau-
roit mauvais gré d'avoir d'écrit
sans Eloges des choses qu'on ne
pourra voir sans admiration.

Comment donc pourrois-je
ne pas loüer un si grand Roi,
pour avoir établi le Culte de
Dieu dans tous les endroits où il
a fait connoître sa puissance ;
pour avoir corrigé les abus de la
Justice, dont il a retranché la chi-
cane ? Comment pourrois-je me
dispenser de mêler mes loüanges
avec les Panegyriques de ces fameux Docteurs de Droit, dont il
a rétabli les Ecoles ? Me pardon-
neroit-on si je n'unissois ma voix à
ces beaux Discours que font à sa
gloire toutes les Academies,
dont il a permis les établissemens ? Pourrois-je parler des
beaux Arts sans rendre à leur
Restaurateur la gloire qui lui est
düë ? Quand je ne lui rendrois
pas cette justice, tous les Sça-

vans qu'il a comblez d'honneur & de biens, & tous les gens de lettres à qui il a donné une si augufte protection, feroient vivre fa memoire en Vers, en Profe & en toutes fortes de Langues, jufques à la fin des fiecles. Tout ces grands édifices, ces pieufes & illuftres Fondations qu'il a faites, diroient toûjours par toute la terre qu'il eft le plus magnifique Monarque, & le Prince le plus Chrétien qui fut jamais. J'aprofondirai les commencemens, les motifs, les progrés, l'utilité, & tout ce qu'il y a de plus remarquable dans ces Fondations ; je ferai une honorable mention de ceux qui en ont donné les deffeins ; je defignerai les lieux & les tems où elles ont été établies, & toutes les autres circonftances qui pourront inftruire & édifier le Lecteur.

Je pourrai même affurer que

jamais Histoire n'a été plus fidelle, puisqu'elle sera établie sur
des faits que je prouverai par
Lettres patentes, Contrats, &
autres pieces si autentiques, qu'on
ne pourra jamais me reprocher
d'en avoir alteré la verité.

J'avouë qu'on auroit de la peine à croire tout ce que je dirai de
ces Fondations, si les Monumens
ne demeuroient pour en convaincre ceux qui liront cette
Histoire. Je me flatte aussi qu'elle
sera d'autant plus agreable, que
ne disant que des choses extraordinaires, je n'en dirai pourtant que de veritables. L'on sera surpris de voir que tous les
Etablissemens des autres Rois
n'ont été que de foibles ébauches
de ceux de L O U I S L E
G R A N D; qu'il en a executé
qu'ils n'ont osé tenter, & qu'ils
auroient inutilement entrepris ;
qu'ils n'ont faits que des essais,

& qu'il a fait des Chefs d'œuvres & c'eſt en cela que mon bonheur ſe rencontre avec la gloire du Roy, puis qu'ayant à écrire l'Hiſtoire de tous les établiſſemens de LOUIS LE GRAND, je n'aurai rien de médiocre à dire.

Si mon deſſein eſt particulier, il n'eſt pas moins nouveau, puis que j'avance hardiment qu'avant moi perſonne ne la traité ; je ſçai bien que ceux qui ont fait les Vies de Philippes Auguſte, de Charlemagne, de ſaint Loüis & des autres Rois, ont fait mention des Abbaïes, des Chapitres, des Univerſitez, des Colleges, des Hôpitaux qu'ils ont fondés ; mais il faut demeurer d'accord qu'ils en ont dit ſi peu de choſes, qu'on n'en eſt guere plus ſçavant quand on a lû la Vie de leur Fondateur, & que quand on veut voir à fond l'Hiſtoire de ces Fondations ; il faut l'aller chercher dans les Archives de ces Maisons, ou dans les Dépôts publics.

Il n'y a point de matiere sur laquelle on se propose aujourd'huy d'écrire qui n'ait esté traitée, & ce n'est pas un mediocre avantage pour un Auteur que d'avoir un modéle dont il puisse imiter les Vertus, & éviter les defauts ; mais j'en suis privé, personne ne m'a précedé sur cette matiere, c'est ce qui me devroit faire apprehender, si je n'avois un sujet d'autant plus noble que le Roy qui en est l'objet, estant le plus heureux Prince qui ait jusques à present gouverné l'Empire des François, rend heureux ceux qui travaillent pour sa gloire : & quand un autre avant moi, auroit traité des Fondations Roïales, je n'aurois rien de commun avec lui, puis que mon Histsire ne commence que du jour que LOUIS LE GRAND a commencé à regner ; mais quelque recherche extraordinaire que j'aïe faite dans toutes les Bibliothéques de Paris, je n'ai trouvé aucun Auteur qui ait travaillé sur le même sujet, & dont par conséquent j'aye pû tirer quelques secours.

Et quand je me trouverois en concurrence avec quelqu'un qui ne se seroit proposé comme moi que l'Histoire de ses Fondations, nous aurions tous deux assez de matiere pour nous occuper long-tems, sur leur grandeur, leur nombre, & leur magnificence ; mais quelques magnifiques que soient ces Fondations & ces Etablissemens, on ne sera pourtant point surpris de leur nombre, de leur diversité, de leur grandeur & de leur magnificence, quand on fera réflexion qu'ils sont les

effets de la liberalité d'un Roy
Tres - Chrétien qui se souvient
toûjours que sa Naissance a été
accordée aux priéres d'une mere
qui a long-temps pleuré devant
Dieu pour obtenir du Ciel cette
faveur, & qui s'étoit engagée de
fonder un Convent de Filles si
la fécondité étoit le fruit de ses
larmes & de ses soûpirs.

Comme il y a peu de personnes qui sçachent ce point d'Histoire dont j'ai examiné avec beaucoup de circonspection les particularitez, il faut remonter un peu loin pour établir la verité d'un fait si extraordinaire. Ceux dont j'ai l'honneur d'être connu me feront bien la justice d'avoüer que je ne donne point dans les visions & bien moins encore dans les revelations si elles ne sont soûtenuës par des témoignages si autentiques qu'on ne puisse jamais les contester, je n'apprehende donc pas qu'on me reproche d'avoir voulu embellir mon ouvrage par un miracle imaginaire : il eſt ſi averé qu'il n'y a perſonne de nos jours qui n'en convienne, & il ne me faut pas une moindre certitude qu'eſt celle qui oblige tous les Hiſtoriens d'en demeurer d'accord, pour m'empeſcher de craindre que dans la ſuite des tems on traitéra d'apocriphe cette circonſtance miraculeuſe de la Naiſſance de LOUIS LE GRAND.

Les guerres qui deſoloient toutes les extrémitez de la Picardie obligerent les Religieuſes de Montdidier en 1636. d'abandonner le Convent qu'elles avoient. Ces Filles déſolées chercherent un aſile les unes chez leurs parens, les autres chez leurs amis, celles-cy auprés des perſonnes d'une piété éminente & qui avoient réputation de faire avec

plaisir de grandes aumônes, cel-
les-lé s'abandonnant à leur mau-
vaise fortune en essuyérent toutes les disgraces. Sœur Charlote
Dupuy de Jesus-Maria, Supé-
rieure de cette pauvre Communauté, fut dans son malheur
plus heureuse que les autres : elle
se retira à Paris, où sa piété extraordinaire ne fut pas long-
temps sans y estre connuë des
personnes d'une qualité tres-dis-
tinguée qui se firent honneur de
luy offrir tout le secours dont
elle avoit besoin : elle préfera
la maison de Monsieur Molé
Procureur General du Parlement
de Paris, à toutes les autres, où
l'on avoit un grand empressement de la recevoir, & elle y
fut engagée par les pressantes
prieres de Madame la Procureu-
se Generale. Cette retraite luy
donna lieu de connoître le Pere
Fernandés Cordelier, qui fut si

édifié des rares vertus de cette
sainte Religieuse qu'il en parla à
la Reine Marie Anne d'Autriche dont il étoit Confesseur. Cette pieuse Princesse eut envie de
la voir, ayant quelque pressenti-
ment comme elle le déclara dans
la suite, que c'étoit peut-être la
personne que Dieu luy envoyoit
pour la consoler dans l'affliction
où elle étoit de n'avoir point
donné d'enfant à la France. Ce
fut au Val-de-Grace où la Reine
souhaita qu'elle se trouvât. Aussi-
tôt qu'elle l'ût aperçûë en l'E-
glise de ce Monastere, elle sen-
tit dans son cœur une joye toute extraordinaire, & cette vertueuse Reine qui avoit une
grande estime pour tous les
gens de bien la mena dans sa
chambre, lui dit les larmes aux
yeux avec autant de confiance
que d'humilité ; *Je sçay, ma che-
re fille, que vous êtes bien-aimée*

*de Dieu, qu'il écoûte vos prieres
& qu'il exauce vos vœux, il y
a long-tems que je le prie de donner un Dauphin à la France, ne
me refusez pas de joindre vos
prieres aux miennes, pour obtenir
un si grand bien.*

Cette vertueuse Fille étonnée
de l'humilité d'une si grande Reine, n'en fit pas moins paroître
pour s'en défendre : mais aprés
avoir résisté, autant que sa mo-
destie le luy permit, elle fut enfin engagée par les larmes & les
prieres de la Reine à faire des
vœux pour sa Majestê, elle de-
meura long-temps en oraison aux
pieds d'un Crucifix qu'elle tint
toûjours entre ses bras, & qu'elle ne quitta point, que pour rendre à la Reine une réponse agreable, avec un air d'asseurance qui
faisoit bien connoître que le Ciel
parloit par sa bouche: *Madame,
lui dit-elle, parce que vous avez*

pleuré devant Dieu, les semaines
d'affliction & les années de larmes seront abregées, vos soûpirs
ont avancé le tems, il est arrété
dans le Ciel que le Prince qui vous
doit rendre la plus heureuse des
meres, & la France la plus glorieuse des Nations, paroîtra bien-
tôt, Dieu vous donnera un fils
avant la fin de cette année, &
vôtre joïe surpassera vos vœux &
vos esperances.

Si Dieu, dit cette Princesse,
me veut bien accorder cette faveur
que je lui demande depuis long-
tems, je fais vœu en reconnoissance de cette grace de fonder un
Monastere, où toutes les Religieuses qui y seront reçûës, le remer-
cieront jusques à la consommation
des siécles, de m'avoir fait la mere
d'un Prince que le Ciel me pro-
met par vôtre bouche. Comme on
croit aisément tout ce que l'on
souhaite avec passion, cette pieu-

se Reine n'eut pas de peine à se
persuader que Dieu accompli-
roit la verité de cette prédiction,
la joye se répandit sur son visa-
ge, elle la fit paroître à toute la
Cour, où elle se faisoit un plaisir extrême d'annoncer par tout
les promesses que cette Religieuse luy avoit faites : elle ne fut
pas long-tems sans en ressentir
les effets, puis qu'elle devint
grosse un peu aprés, ce qui
engagea la Reine à renouveller
le vœu qu'elle avoit fait de fonder un Monastere de Filles qui
qui devoit être un monument
éternel de sa reconnoissance. C'est
de nos jours que cette merveille
est arrivée & la suite de l'Histoire
de la Fondation du Monastere
des Annonciades de Meulan va
persuader la verité que je racon-
te : on se fait un plaisir de sçavoir que la Reine Marie Anne
d'Autriche a mis au monde le

Roy dans un tems où elle en
deſeſpéroit , parce que nous
voyons dans l'Ancien Teſtament
& dans le commencement du
Nouveau, que les enfans nés de
meres ſtériles ont été des prodiges de vertu, remplis de tous
les avantages de la nature & de
la grace , il n'y a perſonne qui
ne reconnoiſſe que c'eſt avec rai-
ſon qu'il a bien été nommé DE
DIEU DONNE´, puiſque tout
le cours de ſon Regne eſt rempli
de prodiges & de miracles qui le
diſtinguent autant des autres
Rois, que les Rois le ſont des
autres hommes ; mais tout le
monde ne ſçait pas ce qu'il y a
de particulier dans cette grace
que le Ciel a faite à la France
ni ce que noſtre Roi a fait pour
laiſſer des témoignages publics
de ſa piété & de ſa reconnoiſſance: on ne ſçait pas, dis je, qu'a-
voüant qu'il a été accordé à la

promesse que la Reine sa Mere
avoit faite de fonder un Monastere, il a non-seulement executé cette Fondation, mais il en a
encore voulu faire de si magnifiques dans ses Etats, qu'en les
voyant l'on a été assûré qu'il por-
toit dans son cœur des sentimens
d'un Prince Tres-Chrétien, veritablement donné de Dieu, fils
aîné de son Eglise.

Je sçay bien que Sœur Charlotte Dupuy ne fut pas la seule
qui fit alors des vœux au Ciel
pour luy demander une si grande faveur : il n'y avoit personne
en ce tems là qui ne s'interessât
auprés de Dieu pour l'engager
à l'accorder ; mais il faut demeurer d'accord qu'il y a eu des Ames
saintes à qui il semble que Dieu
ait pris plaisir à manifester une
Naissance si souhaitée.

Je sçai bien encore que le su-
perbe & magnifique Monastere

du

du Val-de-Grace eſt un Monument de la reconnoiſſance de la Reine aprés que le Ciel eut accordé à la France une ſi grãde faveur. Cette Princeſſe voulut dans la premiere Ville du monde, & dans le lieu de Paris le plus élevé, ériger un Temple d'une ſtructure admirable, pour donner des marques éclatantes de ſa piété : il n'y a qu'à lire l'Inſcription qu'elle fit graver ſur une médaille qu'on poſa avec la premiere pierre de ce magnifique Baſtiment pour être convaincu que ce grand édifice eſt encore un tribut qu'elle a rendu à Dieu, pour la naiſſance d'un ſi grand Prince.

OB GRATIAM DIU
DESIDERATI REGII
ET SECUNDI PARTUS
5°. SEPT. 1639.

Mais il faudra pourtant demeurer d'accord que le Convent de Meulan déſigne encore plus

particulierement que le Val-de-
Grace l'accomplissement du Vœu
de la Reine : & parce que cette
Fondation m'a donné le dessein
d'écrire toutes les Fondations
Royales de L O U I S L E
G R A N D, & que celle-cy est
la premiere pour laquelle il a
donné des Lettres Patentes dés
qu'il a commencé de regner, j'ai
résolu de faire voir icy toute la
part qu'il y a, & de quelle maniere ce Prince Tres-Chrétien a
luy - même executé ce que sa
Mere avoit commencé : les pa-
paroles qu'il a fait graver en lettres d'or sur un marbre noir, font
bien connoître que par une grandeur d'ame veritablement Chrétienne , il se fait honneur d'a-
voüer à la face de tout l'univers
qu'il a accompli un Vœu que la
Reine sa Mere avoit fait à Dieu
si elle avoit des Enfans aprés en
avoir desiré l'espace de 23. ans.

D. O. M.

OB SPEM DIVINITUS
FACTAM, OPTATÆ PER
VIGINTI ET TRES ANNOS
PROLIS, VOTUM
A MATRE SUSCEPTUM
LUDOVICUS MAGNUS
SOLVIT.

Lors que je lûs ces belles paroles au-deſſus du grand Portail de l'Egliſe dans le lieu le plus élevé, je voulus ſçavoir toutes les circonſtances de cette Fondation; à la verité j'y fus engagé par Monſieur de Leſſeville Conſeiller de la Cour, qui m'avoit fait l'honneur de me mener paſſer quelque tems avec luy dans ſon Château de Thun prés Meulan, dont la ſituation eſt agreable, mais moins encore que l'air dont il y reçoit ſes amis. Il m'aſſûra que la Fondation étoit digne de ma curioſité. On me ſçauroit donc mauvais gré de ne pas faire connoître à tout le monde ce que Madame de

Champigny Prieure de ce Royal Monastere a eu la bonté de m'en apprendre. Quoi qu'il n'y ait pas long-temps que son merite l'ait fait choisir par le Roi dans le Convent de Popincourt à Paris pour remplir cette place, elle est pourtant bien instruite de toutes les particularitez de cét Etablissement, & c'est dans les memoires qu'elle m'a communiqués que j'ai pris le point d'Histoire que vous allés lire.

Aussi-tôt que la Reine se vit grosse, elle crût en être redevable avec ardentes prieres de Sœur Charlotte Dupuy. Persuadée que le Ciel avoit écoûté les Vœux d'une si sainte Fille, elle résolut d'accomplir celuy qu'elle avoit fait à Dieu en sa présence ; & parce qu'elle ne l'étoit pas moins de sa prudence & de sa bonne conduite, elle lui laissa le choix d'un endroit propre pour bâtir

un Convent de Religieuses Annonciades ; Meulan qui eſt une
petite ville à ſept lieuës de Paris, ſituée ſur la riviere de Sei-
ne, lui parut aſſés agréable, elle
fut encore engagée à la préferer
à tous les autres endroits qu'on
lui propoſa, par Monſieur le Duc
de Saint Simon qui en étoit Gou-
verneur, & qui n'oublia rien
pour procurer un ſi grand avantage dans ſon Gonvernement ;
auſſi-tôt que la réſolution en
fut priſe le Roi Loüis XIII. ac-
corda des Lettres Patentes pour
l'Etabliſſement de cette Communauté qui y vint dés le 18.
May 1638. quatre mois avant la
Naiſſance de Loüis XIV. qui arriva le 5. Septembre enſuivant.

Cette joïe univerſelle répan-
duë dans toute la France, aug-
menta encore le zele de la Reine,
qui voulut que Monſieur l'Ar-
chevesque de Roüen, mit en ſon

nom la premiere pierre de ce
Monaftere le 25. Juin 1639. jamais il n'y eut une fi belle ceremonie dans une fi petite ville,
le Roi y envoya la Mufique de fa
Chapelle, la plus grande partie
des Seigneurs de la Cour y af-
fifterent, le monde y venoit de
toutes parts, il n'y eut perfonne
qui ne donnât des marques extraordinaires d'une joïe fi publi-
que & fi univerfelle : tous ceux
qui s'y trouverent s'offrirent à
contribuer de leur bien au Bafti-
ment de ce Monaftere, mais la
Reine ne voulut pas que d'autres
partageaffent avec elle la gloire
& le plaifir d'en faire la dépenfe :
il eft vrai qu'elle fut un peu fuf-
penduë à caufe des guerres &
de la minorité du Roi Loüis
XIV. ce malheur dura jufqu'en
1652. que Sa Majefté alla à Meulan avec Monfieur Duc d'Anjou
fon frere, à prefent Duc d'Or-

leans, & elle affista avec une devo-
tion digne d'un Roi Tres-Chrétien à la benediction de la Croix
qui fut plantée dans une petite
Chapelle, & enfuite elle ordonna
que l'argent neceffaire pour achever ce Monaftere & pour entretenir les Religieufes, feroit pris
dans fon épargne.

Le malheur des temps empef-
cha encore l'execution de ces ordres ; en telle forte que la Reine
fe voyant au lit de la mort, pria
le Roi fon fils, d'achever ce qu'ils
avoient tous deux fi bien commencé & luy parla en ces ter-
mes en prefence de Monfieur
Duc d'Orleans, de Monfieur
l'Archevefque d'Auch fon premier Aumônier, & d'un grand
nombre de Seigneurs de la Cour:
I'ai toûjours crû, mon Fils, &
je le crois encore que je vous ai
obtenu par les prieres de la Sœur
Charlotte Dupuy Superieure des

*Annonciades de Meulan, j'ai pro-
mis à Dieu de fonder ce Convent,
& d'engager par cette Fondation
toute la Communauté à remercier
le Ciel de la grace que la divine
Majesté a daigné acorder à sa tres-
humble servante, vous sçavés que je
n'ai pas pû encore accomplir cette
Fondation, je vous prie, mon fils,
de vous en souvenir.* Ces paroles
sont d'autant plus remarquables
que c'est une Mere qui parle à
son Fils d'une Naissance toute
miraculeuse & dans un tems où
elle va rendre compte à Dieu de
toute sa vie ; c'est une Reine qui
parle au Roi, & en sa personne
à tout un Royaume dans un
tems où l'on est circonspect &
où l'on ne dit que des verités
inspirées, dans un moment où
personne ne parle contre sa con-
science, dans un moment enfin,
où il n'y a qui que ce soit assés
hardi que de vouloir en imposer

à ceux qui nous aident par leurs prieres à faire à Dieu le dernier sacrifice de nous mêmes.

Mais, il n'est pas necessaire de prendre tant de précautions pour persuader une verité dont il n'est plus permis de douter, aprés ce que le Roi a fait pour nous en convaincre ; il n'avoit encore que cinq ans qu'il signa le 16. Juillet 1643. des Lettres Patentes pour l'execution de ce Vœu : ce qui est remarquable, c'est que ce sont les premieres qu'il ait données aussi-tôt qu'il a commencé à regner. Il y est précisément porté qu'en action de grace de son heureuse & desirée Naissance, Sa Majesté accorde au Monastere de Meulan, les privileges, franchises & prérogatives qui avoient autrefois esté accordées au premier Monastere du Convent des Annonciades établi & fondé dans la ville de Bourges par la

Reine Jeanne de France épouse
de Loüis XII. on le verra mieux
par les Lettres que j'ay crû devoir rendre publiques.

Il est vrai que les guerres ap-
porterent encore des obstacles à
ces desseins, & que ce ne fut
qu'en 1670. que Monsieur Carcavi
alla à Meulan par ordre du Roi &
fit continuer le Bastiment de ce
Monastere qui n'a pourtant encore été achevé que depuis 1682. par
les soins de feu Monsieur Colbert,
tant il est vrai que les meilleures
résolutions ne font pas toûjours
le mieux executées ; cependant
quelques obstacles que les hommes y apportent quand Dieu les
ordonne pour sa gloire & pour
nôtre utilité, elles ont toûjours
une heureuse fin, & le triomphe
de ceux qui les conduisent en est
beaucoup plus grand, quand les
difficultés dont ils viennent à
bout, paroissent insurmontables.

Je suprime plusieurs incidens qui arriverent depuis 1638. jusqu'en 1682. je les raporteray dans la suite en parlant des Monasteres & des Eglises nouvellement bâties ; il me suffit icy dans ce Discours de faire connoître que ce Monastere a eu une noble naissance, & que le Roy luy a donné la perfection, & la fondé à proportion des Religieuses qui y sont ; ces Religieuses édifient toute la Province par leur pieté & par leur aplication à chanter continuellement les loüanges de Dieu, à le remercier d'avoir donné à la France un Monarque digne de l'Empire de tout le monde, & à le conjurer de répandre ses benedictions sur toute la Maison Royale comme il est marqué dans les Lettres Patentes que je veux mettre icy tout au long.

L O U I S *par la grace de Dieu, Roy de France & de Navarre ; A tous presens & avenir, Salut. Sçavoir faisons, que Nous ayant esté remontré que l'Ordre des Religieuses de l Annonciade de nostre Dame ayant esté receû cy-devant en nostre Royaume & le premier Convent dudit ordre fondé en nostre bonne Ville de Bourges par la Reine d'heureuse memoire Ieanne de France en vertu des Lettres Patentes de Loüis XII. Roy de France son époux, verifiées où besoin auroit esté, & qu'à l'exemple dudit Convent*

*plusieurs autres Monasteres au-
roient esté depuis érigez en plusieurs autres Villes de noftre
Royaume notamment depuis cinq
ans en ça, la Reine Regente
noftre tres-honnorée Dame &
Mere se seroit auffi renduë Fon-
datrice du Convent & Monaftere dudit Ordre en noftre Ville
de Meulent, la premiere pierre
de l'Eglife duquel elle auroit fait
pofer en son nom, & icelle Eglife
dédiée en prefence & du confentement des Habitans d'icelle Ville par le Sieur Archevefque de
Roüen, Primat de Normandie,
en l'honneur de Nôtre-Da-
me de la Paix, en action de
grace de nôtre heureuse &
defirée Naiffance, pour y prier*

la souveraine Bonté qu'il luy plaise donner la Paix à toute la Chrestienté, particulierement à nostredit Royaume, lequel Monastere de Meulent auroit aussi esté déslors, ensemble ladite Eglise d'iceluy bastie & remplie de nombre suffisant de Religieuses sous le bon plaisir du feu Roy nostre tres-honnoré Seigneur & Pere que Dieu absolve, & de nostredite Dame & Mere, lesquelles Religieuses n'y auroient cessé depuis ce tems-là & ne cessent journellement d'y vivre fort exemplairement faire faire les divins Offices, & prier Dieu tant pour le salut de l'ame de nostre dit Seigneur & Pere, que pour la conservation de nostre santé, de celle

de noſtredite tres-honnorée Dame
& Mere, de noſtre tres-cher
aimé Frere Duc d'Anjou, pour
la proſperité & augmentation &
Paix de noſtre dit Royaume avec
grande édification & concours des
Habitans non ſeulement de ladite
Ville de Meulent, mais auſſi de
tous les lieux circonvoiſins en con-
ſequence dequoy noſtredite tres-
honnorée Dame & Mere, nous
ayant ſupplié d'avoir agreable la
Fondation & Etabliſſement dudit Monaſtere audit Meulent,
& meſme d'accorder audit Monaſtere & Religieuſes d'iceluy
tant preſentes qu'à venir, tous
& chacuns les Privileges, Fran-
chiſes, Libertez, Exemptions,
Droits & Immunitez, deſquels

joüit ledit premier Convent de l'Annonciade, fondé en ladite Ville de Bourges par ladite Dame Reine Jeanne de France, & les autres Convents, Maisons & Monasteres des autres Ordres qui sont de Fondation Royale. Nous inclinant liberalement à la priere de la Royne nostre tres-honnorée Dame & Mere, & desirant favorablement traiter lesdites Religieuses dudit Convent de l'Annonciade establi audit Meulent pour le bon exemple & sainteté de vie qu'elles font paroistre, joint l'affection singuliere que nous portons à cet Ordre de l'Annonciade à cause de son grand progrés en la pieté, & afin que lesdites Religieuses continuent & augmentent s'il se

peut leur ferveur au Service divin & exercice de Religion &
des prieres qu'elles font journellement à Dieu pour la grandeur
& prosperité de nostre Personne
& de ses Estats ; A ces Causes
ayant pour agreable la Fondation
faite par nostredite Dame Mere,
dudit Convent & Monastere de
Nostre-Dame de la Paix Ordre
susdit estably audit Meulent,
Nous avons de nostre grace spe-
ciale, pleine puissance & autorité
Royale, approuvé & confirmé,
approuvons & confirmons par
ces Presentes signées de nostre main,
ladite Fondation & Establis-
sement dudit Monastere audit
Meulent, voulons & nous plaist,
que lesdites Religieuses d'iceluy

puissent valablement tenir & posseder ledit Monastere , ces circonstances (*et*) dépendances avec
tout ce qu'il leur a esté cy-devant
& pourroit cy-aprés estre donné
ou qu'elles pourroient aquerir pour
l'entretenement & accroissement
d'iceluy , que leur permettons de
posseder ausquels Monastere de
Nostre-Dame de la Paix dudit
Meulent , & Religieuses d'iceluy , Nous accordons aussi tous les
Droits , Privileges , Franchises ,
Libertez , Exemptions & Immunitez , & autres Graces &
Privileges par les Rois nos Pré-
decesseurs & Nous cy-devant accordez audit premier Monastere
& Religieuses de l'Annonciade,
estably audit Bourges , & fondé

par ladite Dame Royne Jeanne
de France & aux autres Monasteres & Maisons des autres
Ordres qui sont de Fondation
Royale comme ils estoient si particulierement exprimez & spe-
cifiez ; de tous lesquels Droits,
Privileges & Exemptions ,
Nous entendons que lesdites Religieuses & Convent de Nô-
tre-Dame de la Paix de Meulent joüissent à l'avenir pleinement & paisiblement & per-
petuellement les mettant comme
nous les avons mis & mettons
en nostre protection & sauve-
garde & des Roys nos Succes-
seurs, sans neanmoins que les he-
ritages, rentes & deniers qui leur
ont esté & seront cy-aprés don-

nez puissent estre employez à
autres effets qu'à la nourriture &
l'entretenement desdites Religieuses, & à la conservation, répa-
rations & accroissement dudit
Monastere & des autres biens en
dépendant. SI donnons en Mande-
ment à nos amez & feaux
les Gens tenans nos Cours de
Parlement, Chambre de nos
Comptes & Cour des Aydes à
Paris, Baillifs, Senéchaux ou
leurs Lieutenans, & à tous autres nos Officiers de Justice qu'il
appartiendra chacun en droit soy,
que ce Presentes ils fassent lire,
publier & registrer, & du con-
tenu en icelle, joüir & user lesdites Religieuses & Convent,
pleinement & paisiblement selon

leur forme *&* teneur ; ceſſant *&*
faiſant ceſſer tous troubles *&*
empeſchemens au contraire, Car
tel eſt noſtre plaiſir ; *&* dautant
que de ces Preſentes on pourroit
avoir beſoin en pluſieurs lieux,
Nous voulons qu'aux Copies d'i-
celle dûëment collationnées par l'un
de nos amez *&* feaux Conſeil-
lers *&* Secretaires, foy ſoit ad-
joûtée comme au preſent Origi-
nal, auquel afin que ce ſoit choſe
ferme *&* eſtablie à toûjours,
Nous avons fait mettre noſtre
Sel, ſauf en autres choſes noſtre
droit *&* l'autruy en tout. Donné
à Paris le ſeiziéme jour de Juillet
l'an de grace mil ſix cens quarante trois, *&* de noſtre Regne le
premier. Signé, LOUIS. Et

sur le reply , *Par le Roy, la Reine Regente sa Mere presente, DE LOMENIE. Avec Paraphe.*

Dés que j'eus lû les Lettres Patentes données par le Roy âgé de cinq ans , qui marquent si précisément que c'est *en action de grace de son heureuse & desirée Naissance* , & que je vis sur le grand Portail que Sa Majesté qui ne fait rien qu'avec une entiere connoissance, avoit encore reconnu que ce Monastere estoit l'execution de la promesse & du Vœu que la feuë Reine sa Mere avoit fait si le Ciel luy donnoit un Prince , je crû que je devois laisser à la posterité un autre Monument d'un miracle si éclatant dans un livre , ou en écrivant l'Histoire des Fondations Royales , je feray voir que tous les

Etabliſſemens qu'a faits Loüis
XIV. ſont des ſuites de ſa reconnoiſſance ; & qu'ayant été
accordé à la promeſſe d'une Fondation, on ne doit pas s'étonner
s'il a multiplié cette reconnoiſſance dans le nombre des Fondations qu'il a faites.

On étoit ſurpris que la nature
fût tardive à le donner, on s'en
prenoit à ſa ſterilité , mais les
plus éclairés virent bien qu'étant
étonnée de la grandeur de ſon
ouvrage , elle avoit beſoin de
tems pour ſe diſpoſer à le donner,
les Fideles uniſſoient leurs vœux,
leurs prieres & leur Sacrifices
comme pour obliger Dieu à l'envoyer , & il ne le faiſoit long-
tems attendre qu'afin de le faire
plus eſtimer. Les larmes d'une
ſainte Reine , d'une vertueuſe
Mere & d'une charitable Princeſſe , attirerent enfin du Ciel ce
Chef-d'œuvre préparé dans les

Conseils éternels de la Divinité,
en telle sorte que le hazard n'eut
point de part à l'heureux nom de
Dieu Donné, dont tout le
monde le nomma d'une com-
mune voix , dés le moment de
sa Naissance, & je ne crains point
de dire hardiment avec un grand
homme des plus éloquens de ce
siecle , que ce nom misterieux qui
luy convient si parfaitement &
mieux qu'à aucun autre, renferme
non-seulement les miracles que
Dieu avoit fait pour nous le donner , mais encore ce qu'il devoit
faire pour le côserver long-tems&
pour rendre un Regne doux pour
ses sujets, glorieux pour l'Etat, redoutable à ses ennemis, & terrible à l'heresie & à tous ceux qui
combattent la Religion de Jesus-
Christ & de son Eglise, & quand
on est persuadé qu'un Monarque
est l'ouvrage d'un Dieu , & d'un
Dieu qui se dipensant des regles
ordinaires

ordinaires, fait agir la nature au-
deſſus de ſes forces, on ne doute point qu'il ne ſoit entierement
parfait, il ne peut rien ſortir des
mains de cet admirable ouvrier
qui ne ſoit accompli. Quand on
vit qu'aprés tant de vœux & de
prieres faites par toute la France, ce Prince fut donné de Dieu
aux ſoupirs d'un pere juſte, &
d'une mere ſainte ; il n'y eut perſonne qui ne demandât dans le
tems de ſa naiſſance, comme l'on
fit dans celle de ſaint Jean-Ba-
ptiſte : Que penſez-vous que
doive être cet Enfant ; & il n'y
en eût pas un qui ne dit, qu'il devoit être grand devant Dieu &
devant les hommes ; ſi j'avois
été un des admirateurs de ces
premieres merveilles que Dieu a
faites pour un ſi grand Roi, j'aurois peut-être dit, en faiſant re-
flexion ſur le vœu qu'avoit fait la
Reine, qu'il auroit été GRAND

par des Fondations & des Etabliſſemens dignes de la puiſſance
d'un Roi, que le Ciel a rempli
de ſa Sageſſe, aprés l'avoir fait
naître par miracle. Si je n'ai pas
eu le bonheur de prédire ce que
ce Grand Monarque devoit faire,
j'aurai au moins celui d'écrire
une petite partie des choſes qu'il
a faites. Je ne regrette donc point
de n'être pas né avant lui, de n'a-
voir pas été en état de faire comme les autres des vœux pour ſa
naiſſance, puiſque j'ai l'honneur
de le voir, & d'étudier ce qu'il
fait, pour tranſmettre à la poſterité des faits qu'elle auroit de la
peine à croire, ſi je n'avois dequoi l'empêcher d'en douter, en
lui montrant des Ouvrages que
tous ſes predeceſſeurs n'ont oſé
entreprendre, & qu'il a pourtant
achevez.

Je ferai remarquer à nos deſcendans que L O U I S XIV.

ayant été donné de Dieu, a he-
rité la Religion Chrétienne de
ses Anceſtres, qu'il l'a reçûë a-
vec le Sceptre & la Couronne,
que la pieté d'un grand nombre
de Rois, & ſur tout de ſaint
Loüis, a coulé dans ſes veines
avec leur ſang, & qu'il ne pouvoit naître Roi de France ſans
naître Roi Tres·Chrétien; qu'aucun de ſes ayeuls n'a porté plus
dignement que lui ce Titre glorieux. En effet, quand Pepin ne
l'auroit pas merité pour lui &
pour ſes ſucceſſeurs, parce qu'il
avoit rendu de grands ſervices
aux Papes, augmenté leur reve-
nu, ſecouru Zacharie perſecuté
par les Lombards, reçû le Pape
Etienne en France, obligé Aſtol-
phe Roi des Lombards de lever
le ſiege de devant Rome, LOUIS
XIV. l'auroit merité pour avoir
banni l'Hereſie de ſes Etats, &
fondé des Colonies de Chrétiens

dans les Païs où il a porté ses Conquestes ; quand enfin la pieté de Clovis, de Charlemagne, de Philippes Auguste, de saint Loüis, & de tant d'autres, ne lui auroit pas laissé à titre de succession, un Nom dont il fait plus d'état qu'il ne feroit de la Monarchie du monde sans cette qualité glorieuse, il n'y a personne qui pût la refuser à son zele pour Dieu & pour la Religion de JESUS-CHRIST. Quel autre avant LOUIS LE GRAND eut voulu perdre un de ses bras pour bannir de ses Etats l'Heresie de Calvin qui s'y étoit glissée dans les malheureux tems, sous le regne de ses Ancestres ? Quel autre enfin eut voulu comme lui, en revoquant l'Edit de Nantes, couper tout d'un coup la tête à cet Hydre, s'il n'eut été bien asseuré que Dieu ne lui faisoit tous les jours

remporter tant de victoires fur
fes Ennemis, que pour lui faire
connoître qu'il étoit comme cer-
tain de la conqueſte de ceux de
la Religion. Ce feroit peu de
chofes, dit l'un de fes Panegy-
riftes, qu'il eut par les merveilles de fa Naiſſance, la qualité de
Dieu Donné, que fes Exploits
incomparables lui euſſent fait
meriter celle de Conquerant &
d'Invincible, que fa Prudence
en toutes chofes lui euſſent fait
donner celle de GRAND, fi fa
Pieté ne lui eut acquis celle de
tres-Religieux ; les autres Titres
paſſent, & ne peuvent durer
qu'autant de tems que le monde : mais le nom augufte de
Tres-Chrétien & de Tres-Religieux le fuivra dans l'éternité.

Devez-vous, Grand Roi, ef-
perer une moindre gloire, aprés
avoir établi l'Empire de JESUS-
CHRIST dans tous les lieux

où vous avez porté vôtre Nom,
planté les Etendars de la Croix,
par tout où vous avez fait arbo-
rer ceux des Fleurs de Lis, &
partagé avec le Ciel la gloire &
les honneurs, que vos vertus vous
ont fait meriter de tous les hommes sur la terre.

Je n'aurai pas de peine à prouver ce que j'avance si hardiment,
puisque tout le monde sçait qu'il
a fait démolir en moins d'une
année plus de huit cens quarante
Temples, qu'il a chassé quatorze
cens Ministres qui y faisoient
leurs faux Sacrifices, & qu'il a
fait rentrer dans le giron de l'E-
glise presque quinze cens mille
Convertis, par les Missions qui
se sont faites dans tout le Royaume par ses soins ; je n'aurois qu'à
faire le dénombrement de toutes
les Eglises bâties sous son Regne dans ses Etats : il y en a
une si prodigieuse quantité dans

les Dioceses, qu'il ne seroit presque pas possible d'en dire le
nombre, & quelque précaution
que j'aye prise d'ecrire à Mes-
sieurs les Prelats, Intendans des
Provinces, premiers Presidens,
& Procureurs Generaux des
Cours Souveraines, que j'ai sup-
plié de seconder mon dessein, en
leur envoyant le projet de mon
Ouvrage, j'apprehende beaucoup
de n'être pas exact ; mais au
moins j'aurai l'avantage de n'a-
voir rien oublié pour l'être, &
je tâcherai de faire connoître
que j'ai voulu donner à cet Ouvrage toute la perfection qu'il
merite : je ne le veux point pré-
cipiter, je donne encore ce petit Essai, où l'on verra plus particulierement l'ordre & l'arran-
gement que je me suis prescrit
dans les differens sujets que
j'ai à traiter, & l'on aura dans
les Provinces d'autant plus de

C iiij

tems à m'envoyer les memoires
que je demande fur les Fondations & les Etabliffemens faits
depuis la Naiffance de LOUIS
LE GRAND, que j'ai pre-
fentement de la matiere pour
remplir un premier Volume d'u-
ne grandeur raifonnable, qui
contiendra l'Hiftoire de toutes
les Academies établies dans le
Royaume par Lettres Patentes
de Sa Majefté, ou par fa permiffion.

Dans ce premier Volume,
je donnerai d'abord une petite
Differtation fur les Academies;
j'en ferai voir l'origine, l'antiquité, le progrés, leur utilité;
j'établirai les qualitez que doivent avoir les Academiciens pour
fe donner dignement un nom,
qui fouvent ne convient guére
à ceux qui ont l'ambition de
prendre cette belle qualité fans
en remplir les devoirs.

Aprés cette Differtation, je ferai un Abregé de l'Hiftoire de l'Academie Françoife de Paris. Comme cette Compagnie eft le modele de toutes les autres, qui fe font établies fous le Regne de LOUIS LE GRAND, & qui ont obtenu des Lettres Patentes de Sa Majefté, il eft jufte que je commence l'Hiftoire de toutes les Academies par celle qui leur a laiffé de fi beaux exemples à imiter ; & comme elles fe font honneur de marcher fur les pas de ces grands Hommes qui la compofent, & de fuivre leurs Reglemens, je veux auffi m'en faire de confacrer les premices de mon Hiftoire à la gloire & à l'ornement de cette augufte Compagnie. Je n'en donnerai pourtant qu'un Abregé, parce que Monfieur Peliffon l'a écrite depuis fon établiffement, jufqu'en 1652. Il feroit à fouhaiter

qu'un Auteur si fameux eût voulu la continuer. Nous n'aurions
pas de moindres beautez à admirer dans un second Volume,
que celles que nous admirons
dans le premier. Il n'y a personne de bon goût qui ne demeure d'accord que cet Ouvrage est
achevé dans son genre, qu'il est
impossible de rien ajoûter à sa
perfection, & d'écrire d'un stile
plus fleuri, plus éloquent & plus
naturel; aussi M. Pelisson étoit-
il un homme universel, & qui
merite bien l'éloge que M. l'Abbé Bosquillon, l'un des illustres
Academiciens de Soissons, a fait
de lui dans le Journal des Sçavans, du 4. Mai 1693.

Aprés un aveu aussi sincere &
aussi juste qu'est celui que je fais
du merite & de la capacité d'un
des plus rares genies, & des plus
grands Magistrats de nôtre siecle. Il y auroit ce me semble de

la temerité de travailler fur un
même fujet, je n'ai garde auffi
de faire l'Hiftoire entiere de
l'Academie Françoife ; mais
ayant à faire celles de toutes les
Academies qui ont voulu l'imiter, & travailler comme elle à
la pureté de la Langue dans les
Provinces, je ne puis me difpen-
fer de donner une idée de fa
naiffance, de fon établiffement,
de fes progrés, des grands fuccés qu'elle a eu, & de l'éclat dont
elle jouït prefentement : mais je
n'en dirai qu'autant qu'il fera
neceffaire pour faire voir en quoi
les autres Academies fe font
conformées fur elle, pour s'établir & pour fe maintenir dans
leur beauté. Naturellement je
ne devrois pas en parler, puif-
qu'ayant été établie fous le Regne de Loüis XIII. elle eft plus
ancienne que le Roi, & par con-
fequent elle pouvoit ne point

entrer dans le deffein que je me fuis prefcrit.

Je n'entreprendrois pas auffi d'y travailler, fi elle n'étoit entierement redevable de fa perfection & de fon éclat, à la glorieufe protection que LOUIS LE GRAND lui a donnée, & à l'honneur qu'il lui a fait de vouloir bien en être le Chef; car il faut demeurer d'accord que fans ce fecours elle ne feroit peut-être plus rien.

Ce n'eft pas que le grand Cardinal de Richelieu n'ait cherché tous les moyens d'en affûrer la durée ; mais il eft mort trop tôt, aprés en avoir jetté les fondemens, & les dernieres années de fa vie n'ont pas été affez paifibles pour pouvoir donner à ce nouvel Edifice fon entier accompliffement : c'eft un pere, dit un de ces grands Academiciens, qui a laiffé fon enfant en bas âge,

& qui ne lui a laiſſé que des
biens douteux ; veritablement le
grand Chancelier Seguier lui a
ſervi de tuteur dans ſa minorité;
mais enfin perſonne ne peut dire
ce que cette Academie ſeroit de-
venuë aprés cette ſeconde perte.
C'eſt vous ſeul, ô Grand Roi,
qui avez donné un établiſſement
ſeur & inébranlable à cette nouvelle Compagnie, & qui l'atta-
chant à vôtre ſacrée Majeſté par
une eſpece d'adoption, avez fait
qu'il n'y a plus de perſonnes de
ſi grand merite & dignité qu'elles puiſſent être, qui ne ſe doivent faire un honneur de s'y joindre, & auſſi toute la terre avouë
que ſans la protection, dont vôtre Majeſté l'a honorée, elle ne
ſeroit pas élevée au degré de
gloire où elle eſt parvenuë. La
preſence d'un ſi grand Monarque
fait parmi ces doctes Academiciens, ce qu'elle a fait par tout

où elle a porté la grandeur de
son Nom, & l'on ne doit pas
être surpris que la Langue Françoise élevée, nourrie & perfec-
tionnée dans son Louvre, lui pré-
pare tous les jours des guirlandes
immortelles pour couronner sa
gloire, & compose une infinité
de Livres, qui sont redevables
de la beauté & de la delicatesse
de leur stile, aux soins qu'à pris
LOUIS LE GRAND de la
perfectionner.

Je ferai une exacte mention,
non-seulement de tous ceux qui
l'ont commencée, & qui ont eu
l'honneur d'être de cette illustre
Compagnie, mais encore de tous
ceux qui la composent aujour-
d'hui. Je n'oublirai pas ce qui s'y
est passé de plus remarquable,
principalement depuis 1673. que
le Roi lui a donné retraite dans
son Louvre ; ce qu'il a fait pour
combler d'honneurs & de biens

ceux qui s'y assemblent par ses ordres, afin d'achever le grand Dictionnaire, dont la fin est d'épurer la Langue Françoise de tous les mots qui ne sont plus d'usage, & de fixer sa beauté, qui n'est pas moins finie sous le Regne de LOUIS LE GRAND, que l'étoit celle de la Langue Latine sous l'Empire d'Auguste.

Aprés avoir fait en peu de mots l'Abregé de l'Histoire de l'Histoire de l'Academie Françoise, je ferai l'Histoire des Academies Royales, qui se sont établies à son imitation dans les Villes d'Arles, de Soissons, de Nismes, de Ville-Franche, d'Angers, de Caën, de Grenoble, de Tholose, de Rouën, & de toutes les autres Villes du Royaume, qui se sont distinguées par une noble envie de faire fleurir les belles Lettres, & la pureté de la Langue Fraçoise. Je mar-

querai les tems de leur établissement; je donnerai les Lettres
Patentes, les Statuts, les Reglemens & les Devises de ces Academies, avec la Liste des Academiciens, leurs qualitez, leurs
emplois, & à côté de leurs noms,
les titres seulement de leurs Ouvrages, sans autres éloges pour
ceux qui vivent encore, ayant
toûjours en vûë d'imiter Monsieur Pelisson, qui en a usé de la
sorte dans son Histoire de l'A-
cademie Françoise, & je me per-
suade qu'en suivant un Auteur
si accompli, j'aurai l'avantage de
plaire à tous ces grands hommes
qui tiennent un si beau rang dans
la Republique des Lettres, &
qui ont un si notable interest
dans l'Histoire que j'entreprend,
puisque je laisse à la posterité un
monument qui rendra leur memoire venerable, & qui me fait
déja dire avec autant de har-

dieſſe que de verité, ce qu'Ho-
race a dit avant moi :

Exegi Monumentum ære perennius;

Je ſçai bien qu'en leur procu-
rant une gloire qui leur eſt dûë,
je travaille ſans y penſer indiſ-
penſablement à la mienne ; mais
je veux auſſi qu'on ſçache que
c'eſt-là le ſeul avantage qui me
revient de mon travail. Je n'ai
l'honneur d'être d'aucunes de ces
illuſtres Academies, & je travaille pourtant pour leur gloire avec autant de zele, que ſi
ces celebres Compagnies m'y
avoient engagé par des récom-
penſes. Je méne dans Paris une
vie privée & ſans ambition, ou
ſi j'en ai, elle ne trouble point
mon repos ; & tout le monde
voit que ma fortune n'a point
changé, depuis que le plus puiſ-
ſant Mœcenas du Royaume m'a
permis de mettre ſon nom aux
deux derniers Ouvrages que je

lui ai dédié ; l'honneur qu'il m'a
fait me tenant lieu de tout. Le
public qui sçait que sa generosi-
té pour ceux qui rendent les
honneurs dûs à son merite , va
de pair avec son pouvoir , ne
croit pas que j'en attende long-
temps les effets. Je serois le premier des Auteurs qui ont élevé
des Monuments à sa gloire, qu'il
laisseroit sans récompense , luy
qui a plus d'empressement pour
procurer les Dignitez & les Biens
de l'Eglise aux Sujets qu'il en
croit dignes , qu'il ne trouve d'importunité dans les autres , qui
n'ont aucun Titre d'en demander , que celuy que leur ouvre
son honnesteté, & que leur donne
sa bonté. Cependant je donne a-
vec mon tems la meilleure partie
de mon bien, pour fournir à la dépense d'un si grand Ouvrage.

Je doute à la verité y pouvoir
suffire, à moins qu'il ne plaise à

Sa Majeſté, ou à ſes Miniſtres, de
contribuer aux frais d'un travail
qui engage également l'Egliſe &
l'Etat à favoriſer mes entrepriſes. Mais ſi je ne trouve pas le
ſecours que j'ai lieu d'attendre
de ceux qui ont part au gouvernement ſpirituel & temporel ſous
un Regne ſi auguſte, je me contenterai de faire voir que je n'ai
pourtant rien negligé pour par-
venir à la perfection d'un auſſi
vaſte deſſein ; & je dirois ſouvent,
mais à regret, pour me conſoler
de l'inéxecution ,

In magnis voluiſſe ſat eſt,

Si je n'avois dequoi perſuader
la poſterité par des Ouvrages de
Pieté *a* d'Erudition *b* & d'Hiſtoire *c*, que j'aurois pû remplir
la carriere que mon genie m'a-

a Choix d'un bon Directeur.

Conſolation Chrétienne ſur la mort d'un
Directeur.

Vie de Monſieur le Vachet.

b Traité des Penſions Royales.

c Hiſtoire des Academies.

voit ouverte; fi ceux qui font
obligez dans le pofte éminent
où le Souverain les a mis, de
fournir aux befoins des Sujets
qui travaillent à la gloire de l'E-
tat, avoient fuivi les intentions
du Monarque, en fecondant les
entreprifes des Gens de Lettres.

Mais le defaut de leur liberalité ne m'empêche pas de donner au public l'Hiftoire de toutes les Academies. J'ajoûterai à
celles dont je vient de parler,
l'Hiftoire du Journal des Sçavans, de la Republique des Lettres, & de l'Affemblée du Cabinet, qui fera un des plus curieux endroits de mon Livre;
& parce que cette Affemblée du
Cabinet a été l'occafion de plufieurs Conferences, à qui on a
donné le nom d'Academies, je
dõnerai immédiatement aprés les
precedentes, une idée hiftorique
de toutes celles qui fe font te-

nuës fur les fujets les plus curieux de Phifique, de Mathe-
matique, d'Hiftoire, d'Eloquen-
ce, de Poëfie, de Geographie,
de Blafon, chez Meffieurs de
Fontenay, l'Abbé de la Rocque,
la Rocque de là Lontiere, Chaf-
febras, l'Abbé Bordelot, l'Abbé
d'Aubignac, & chez quelques autres Sçavans, à qui le Roi a
donné des Lettres Patentes pour
l'établiffement de la leur. Je
n'oublirai pas celles qui fe font
auffi formées fur le modele de
l'Affemblée du Cabinet, chez
Monfieur l'Abbé Menage, Monfieur l'Abbé de d'Angeau, Monfieur Bignon premier Prefident,
& Monfieur Hennequin Procureur General du grand Confeil.

Enfuite je parlerai de cette
fameufe Academie formée en
1686. par le confeil du Pere Co-
ronelli Cordelier, & par les foins

de Monsieur l'Abbé Laurent, &
de Monsieur de Guenegaud,
Maître des Requeftes, fur le modele de celle Venife. J'y trouve
plus de cent cinquante perfonnes
de la premiere qualité de ce
Royaume, qui font honneur à
nôtre France, en marchant fur
les traces de ces Nobles Veni-
tiens, dont la Societé donné un
fi beau luftre à l'Aftrologie & à
la Cofmographie, en faifant fa-
briquer ces beaux Globes ce-
leftes & terreftres, que le monde n'avoit encore jamais vû, &
qui font pourtant le plus bel ornement des Bibliotheques & des
Cabinets des Gens de Lettres.

Aprés avoir parlé de ces Af-
femblées Academiques, je par-
courrerai toutes les Villes des
Provinces de France, où l'envie
de faire fleurir les belles Lettres
& la pureté de la Langue a formé des Societez, qui font à la

verité sans Lettres Patentes ;
mais qui ne sont pourtant pas
sans Reglemens & sans Ordres.
Tous les sujets qui composent ces
Societez se font un devoir de
suivre certains Statuts qu'ils se
sont faits, & peut-être avec autant d'exactitude qu'il y en a
dans les autres Academies ; &
parmi ces Academies, celles
dont on entend le moins parler,
& dont les exercices semblent
n'être pas aussi connus qu'ils le
sont dans quelques autres, de viennent aujourd'hui plus celebres &
plus remplies de personnes d'un
esprit sublimes, que n'étoient a-
vant le Regne de LOUIS LE
GRAND, les premieres A-
cademies du Royaume, si on
peut nommer ainsi les Societez
qui ont paru avant ce tems-là.

Mais comme les Muses qui se
sont établies en France, en ont
chassé l'ignorance & la simplicité,

la posterité sera bien aise d'apprendre qu'elles se sont renduës
si familieres, que les femmes même en ont pris le beau langage ;
on ne voit depuis long-tems rien
de plus delicat, de plus poli &
de plus spirituel que les Ouvrages des Dames qui ont écrit.
Nous avons tous les jours de
leur façon, des Pieces de Theatre,
des Poëmes, des Idiles, des
Epigrammes, des Traductions,
des Conversations, & des Histoires si finies, qu'elles vont de
pair avec les productions des plus
beaux Genies de la Republique
des Lettres. Et je crois qu'un
des plus grands agrémens que je
puisse donner à mon Histoire des
Academies, c'est de faire mention de toutes les Dames qui
ont écrit, ou qui ont acquis la
réputation de Sçavantes. Le
nombre est presque infini dans
Paris, & dans les Provinces de

ce

ce Royaume, j'en donnerai la
Lifte la plus fidelle & la plus
exacte qu'il me fera poffible; &
comme j'ai deffein d'y ajouter
le Catalogue de tous les Ouvrages qu'elles nous ont laiffé, je
fçaurai beaucoup de gré à qui
voudra m'aider à donner au public les noms, furnoms de ces
Dames, ceux de Meffieurs leurs
maris, & des Ouvrages que nous
avons d'eux ; & fi j'en oublie
quelques-unes, je les fupplie par
avance d'être perfuadées que j'ai
fait tout ce qui a dépendu de
moi, pour rendre à leur merite
l'honneur qui leur eft dû ; mais je
fuis fûr qu'il n'y a pas une de
ces Dames qui ne foit bien-aife
de voir à la tête de cette Lifte
le nom de l'Illuftre Sapho (Ma-
demoifelle de Scuderi) l'efprit
le plus heureux, le plus delicat,
& le plus fecond en Vers & en
Profe qui fe foit fait admirer de-

D

puis le commencement de la Monarchie.

Je n'en demeurerai point-là, je prendrai un peu l'effort avant de finir cette premiere Partie : je sortirai du Royaume pour dire quelque chose des Academies & des Societez de belles Lettres qui ont été faites sur les nôtres, à Turin, par son Altesse Royale dans son Palais ; en Allemagne, par un Prince de la Maison d'Anhalt sous le nom de la Compagnie fructifiante ; en Angleterre, par la Compagnie Royale des Phisiciens ; je parlerai aussi de celles d'Italie, qui se font appellées de differens noms; à Sienne, *Intronati* ; à Florence, *D'ella crusca*; à Rome, *Humoristi*; à Bologne, *Otiosi* ; à Gennes, *Adormentati* ; & d'autres noms semblables qu'on sera bien-aise d'apprendre. Voilà par où je finirai ma premiere Partie.

Il n'y a rien que je ne fasse pour contenter tous ceux qui auront quelque interest dans mes Ouvrages, mais je suis bien sûr pourtant qu'il y en aura quelques-uns qui ne le seront pas : & il ne faudra point s'en étonner. Plaire à tout le monde est un bonheur qui n'est jamais arrivé à personne, & cela est tellement au-dessus du pouvoir des hommes, que les Poëtes n'ont pas feint de dire qu'il passoit même celui de leurs Dieux.

Le grand Jupiter même,
Soit qu'il donne aux mortels la pluye
ou le beau tems,
Ne peut les rendre tous contens.

Comme j'ai mis dans la premiere Partie de mon Ouvrage, à la tête de l'Histoire des Academies de Belles Lettres, celle de l'Academie Françoise, comme la plus noble, la plus fameuse, & qui a servi de modele à tou-

tes les autres, je mettrai aussi
dans cette seconde Partie l'Histoire de l'Academie Royale des
Sciences, à la tête de toutes les
autres Academies, qui regardent
les Sciences & les beaux Arts.

Le Roi n'eut pas plûtôt donné la Paix à toute l'Europe, au
commencement de sa Majorité,
qu'il ne pensa qu'à en faire goûter les fruits à ses Sujets ; & aprés
avoir reglé le dedans & le dehors de ses Etats, il y voulut
faire regner les Sciences & les
beaux Arts. Rien n'en persua-
dera mieux la posterité que l'Histoire que j'en vais donner. Je
ferai voir de qu'elle maniere il
imagina cette fameuse Academie Royale des Sciences, qui
commença par son ordre, en
telle sorte qu'elle est la seule qui
se puisse venter d'être veritablement Royale. Elle n'a point eu
comme les autres qui se sont

formées dans le Royaume, cette
espece d'imperfection, d'avoir
été d'abord peu de chose dans
les commencemens, & de n'a-
voir monté à sa gloire que par
degrez. Je ferai voir que les progrez de cette Academie n'ont
pas été moins heureux, puisque
le Roi en a toûjours pris le soin,
qu'il en a lui-même choisi tous
les Particuliers qui la composent, ce qui n'est pas pour eux
un éloge mediocre, & qu'il leur
a donné des gratifications qui
n'ont jamais été interrompuës,
même pendant les plus grandes
guerres; qu'il a honoré cette
Academie de sa presence; qu'il
lui a fait bâtir un Laboratoire
dans sa Bibliotheque pour y tenir les Assemblées; qu'il se fait
rendre compte de tout ce qui
s'y passe; qu'il fournit enfin à la
dépense qu'on est obligé de faire
pour les experiences & les nou-

velles découvertes. Je n'aurai pas
de peine à donner ce que je
promets, je travaillerai sur les
beaux Memoires de cette Academie. Monsieur l'Abbé du Ha-
mel autant connu par sa profonde érudition, & par le grand
nombre de beaux Ouvrages qu'il
donne tous les jours au public,
que par sa vertu & sa rare pieté,
fut prié en qualité de Secretaire
de me communiquer tout ce qui
pouvoit contribuer à la beauté
& à la perfection de mon Ouvrage. Et j'ose dire que le public
n'en a point encore vû où il y
ait plus de solidité que dans l'Histoire de l'Academie Royale des
Sciences.

Comme l'Observatoire Royal
est la marque la plus éclatante
des admirables succés de l'Academie des Sciences, j'en donnerai une exacte description. Tout
le monde sçait que le Roi en a

fait la dépense en faveur de ces
Meſſieurs, parce qu'il n'y a que
le Roi qui la puiſſe faire ; mais
il y a peu de perſonnes qui con-
noiſſent à quel uſage il eſt deſti-
né, les exercices & les curieuſes
découvertes que l'on y fait tous
les jours, tant dans l'Aſtrono-
mie que dans la Phyſique. Je
développerai aiſément toutes ces
merveilles avec le ſecours de
Monſieur Caſſini, ce Gentil-
homme ſi habile dans les Sciences Celeſtes, qui ſe fait un plaiſir, quand j'ai l'honneur de le voir,
d'ajoûter à mes lumieres, mille
belles & ſçavantes particularitez
qui ne viennent point à la connoiſſance du public, & que l'on
trouvera d'autant plus agreables
qu'elles ont les charmes de la
nouveauté. Ce ne ſont pas de
mediocres delices ſous le Regne
d'un Roi, où il ſemble que toutes choſes ayent pris une nou-

velle beauté, puisqu'il a, comme les Historiens l'ont remarqué de Charlemagne, renouvellé toute la France.

Je mettrai immédiatement aprés l'Histoire de l'Academie des Sciences, celle de l'Academie des Medailles. Si elle fournit au Roi le monument le plus durable que jamais sa puissance ait pû fonder, elle donne à Monsieur Colbert, son Instituteur, une gloire qui ira de pair avec la Monarchie : l'heureux genie de ce grand Ministre qui étoit pour le moins, sous le Regne de LOUIS LE GRAND, ce que Mœcenas étoit sous l'Empire d'Auguste, honora encore de sa protection l'Academie de Peinture & de Sculpture, qui suivra celle des Medailles. Ces deux Sœurs sont si unies qu'elles ne se sont jamais separées, & que le Roi les a crû dignes d'être logées dans l'un

de ſes Palais : c'eſt - là que de
ſimples Artiſanes qu'elles étoient
devenuës avant le Regne de
LOUIS LE GRAND, el-
les ont repris le nom glorieux
de Muſes, & que l'eſprit & le
jugement conduiſirent les mains
qui n'étoient guidées auparavant
que par quelque heureux naturel. On verra tout ce que le Roi
a fait pour ces deux Academies,
l'eſtime dont il a honoré les
Peintres, les richeſſes dont il les
a comblez, & mille choſes dignes de la remarque de tout le
monde.

Ce ne furent pas-là les ſeules
Academies que le Roi voulut
faire pour les beaux Arts : comme il devoit ſurpaſſer non-ſeule-
ment tous ſes predeceſſeurs;
mais encore tous les Princes de
l'Europe par la magnificence de
ſes Bâtimens, il voulut donner
un nouveau luſtre à l'Architectu-

D v

re, & en faire une Academie, dont l'Histoire n'aura pas moins de beautez que les precedentes, sur tout si je mets en cet endroit une description exacte de Versailles, de Marly, de Saint Germain en Laye, de Saint Cloud, & de toutes les autres Maisons Royales, où tous les Ordres de l'Architecture sont si bien gardez.

Je donnerai dans l'Histoire de chaque Academie une Liste de tous les grands Hommes qui en ont été, & qui en sont encore, & de la même maniere que je ferai les Listes des Academiciens de belles Lettres, j'y mettrai leurs qualitez & les titres des Ouvrages que nous avons d'eux.

Et comme les Ecoles de Droit, de Medecine & de Chirurgie sont des especes d'Academies, je ferai connoître au public ce que le Roi a fait pour ces illustres

Facultez, si necessaires dans un
Etat pour la gloire du Prince &
pour l'utilité du public ; & en
parlant de tout ce que le Roi a
fait pour la Medecine en France
& pour la Chirurgie, je dirai
quelque chose de l'Academie des
Curieux de la Nature, établie
par Monsieur Bausch, Docteur en
Medecine à Schvvinfort, Ville
Imperiale du Cercle de Franco-
nie.

L'Academie de Musique aura
aussi place en cet endroit dans
mon Histoire. Elle a été établie
par Lettres Patentes ; le Roi l'a
honorée d'une protection si particuliere, & elle a eu de si grands
progrés, qu'il ne seroit pas permis à un Historien de supprimer
le recit de tant de beautez qui
ont fait le plus sensible divertis-
sement de nos jours : je me ren-
fermerai dans les bornes d'un
Historien, & n'en parlerai point

en Casuiste , non plus que de
l'Academie de Danse , que le Roi
a aussi établie par Lettres Patentes , & dont je rapporterai les
motifs & les particularitez.

Mais entre le grand nombre
de choses que le Roi a faites pour
l'utilité de ses peuples , il y en
a quatre si dignes de sa grandeur,
& en même tems si surprenan-
tes , que tous les Souverains de
la terre unis ensemble pour for-
mer quelque dessein qui fit assez
éclater cette union de puissance,
auroient peine à inventer , &
plus encore à executer l'une de
ces quatre merveilles. On les
trouvera dans l'Histoire de l'établissement des Invalides ; dans
celui des Compagnies des jeunes
Gentilshommes, qu'on instruit
en plusieurs Villes comme en
des Academies ; dans la Fondation de la Communauté Royale
des Dames de Saint Louïs, faite

par le Roi à Saint Cyr prés Verfailles ; & dans la creation ou
l'inftitution d'un Ordre Militaire de Chevaliers, fous le Titre
de Saint Louïs, dont le Roi s'eft
declaré Chef Souverain & Grand
Maître.

Quand le Roi n'auroit pas le
Titre de Grand, il l'auroit acquis par ces établiffemens, puif-
qu'en recompenfant les Nobles
qui ont fervi, il anime les autres à lui rendre leurs fervices,
ou à les lui continuer. En pre-
nant foin de l'éducation de leurs
enfans dans les Compagnies des
Cadets, il décharge leur famille ;
il enfeigne à ces jeunes Gentilshommes à être Soldats & Chefs,
à obéïr, & à commander, &
il rend le dur métier de la guerre
compatible avec la crainte de
Dieu, ce qui n'eft pas ordi-
naire.

L'amour paternel du Roi pour

sa Noblesse n'ayant pas voulu que la difference du Sexe en fit aucune dans le partage de ses faveurs, a pareillement fait ressentir sa tendresse aux pauvres Demoiselles de son Royaume, par cette fameuse Fondation de Saint Cyr prés Versailles. C'est dans cette Royale Maison que sous les auspices & par les soins de la plus sage & de la plus vertueuse Dame du monde, on éleve & on instruit prés de quatre cens Demoiselles dans tous les exercices convenables à leur sexe, à leur âge & à leur qualité. Ce sera dans cet endroit de mon Histoire que pour relever comme je dois la gloire de LOUIS LE GRAND, j'irai chercher toutes les plus memorables Fondations des autres Rois ses Predecesseurs, pour faire voir à la posterité qu'ils n'en ont jamais imaginé une si belle & si utile

en même tems, bien loin d'en
avoir executé qui puiſſent égaler
ſa magnificence, je ferai une
deſcription de cette ſuperbe
Maiſon, des dedans & des dehors, des Reglemens & du Gouvernement ; & quelque choſe que
je faſſe pour en montrer l'éclat
& la grandeur, je ne dirai pourtant rien qui ne ſoit au-deſſous de
ce qui en eſt, on en jugera par
l'Edit du Roi que je rapporterai mot à mot. C'eſt l'un des
plus judicieux & des plus pieux
monumens de ſa gloire ; l'on y
verra à la ſatisfaction des Gentilshommes de ſes Etats, que
dés que la Nobleſſe & le beſoin
de ces Demoiſelles les a fait ad-
mettre en cette Maiſon, elles
trouvent abondamment tout ce
que l'on peut deſirer dans le
monde ; que celles qui ſe veulent
conſacrer à la Vie Religieuſe y
ſont aſſûrées pour toûjours de

leur subsistance, & que Sa Majesté a encore la bonté de pour-
voir en Pere & en Roi toutes
les autres que la Providence &
l'inclination déterminent à d'autres états : les quatorze articles de cet Edit en font voir
l'esprit, & font tout autant de
sujets de Panegyriques du Roi,
& de Madame de Maintenon,
qui a conduit cet Ouvrage à sa
perfection.

En assûrant des places aux
Soldats dans le fameux Hôtel
de Mars, si beau, qu'il est peu
de Souverains qui ayent de plus
superbes Palais; il les engage à
briguer volontiers la gloire d'é-
tre blessez, & de devenir Invalides, aprés le travail de quelques
Campagnes, afin de finir leurs
jours tranquillement dans ce
magnifique Palais, où ils trouvent tous les secours qu'on
peut esperer pour l'ame, aussi

bien que pour le corps.

Mais comme il y a un grand nombre d'Officiers qui se sont distinguez dans toutes les guerres que le Roi a faites par mer & par terre, sa bonté a seule encore imaginé un moyen nouveau & brillant pour donner des recompenses extraordinaires à leur zele & à leur fidelité; il a établi un Ordre de Chevaliers de Saint Louïs; il y a attaché des marques d'honneur exterieures, avec des revenus & des pensions qui augmenteront à mesure que les Officiers s'en rendront dignes par leur conduite.

Voilà les quatre grands Etablissemens dont je ferai l'Histoire dans cette seconde Partie. Je la finirai par l'Histoire des Colleges établis dans le Royaume; & comme celui des Quatre Nations est le premier & le plus noble, j'en rapporterai la Fon-

dation qui est toute Royale,
comme on le verra par les Lettres Patentes, & par le soin que
le Roi en a pris depuis la mort
de Monsieur le Cardinal Maza-
rin qui en a donné le dessein, &
la plus grande partie de la dépense : & je crois suivre l'ordre
que je me suis prescrit, en mettant au rang des Academies &
des Societez de Science & de
beaux Arts, ces nobles & illustres Etablissemens avec les Colleges, & l'Histoire des Bibliotheques publiques de Paris, qui fi-
niront la seconde Partie de mon
premier Volume.

Je sçai bien qu'il y a quelques-
unes de ces Academies dont on
a déja fait des Histoires particulieres, comme est celle de Soif-
sons que Monsieur d'Hericourt
a donnée en si beau Latin. Je sçai
bien encore qu'avant que j'aye
mis au jour l'Ouvrage que je

promets, il en pourra paroître quelque autre. Mais comme ces Hiſtoires particulieres ſeront faites par les Sujets de ces Compagnies, qui mettront dans des Volumes aſſez conſiderables tout le détail & les moindres incidens arrivez depuis leur naiſſance, elles n'arrêteront point mon deſſein, qui n'eſt pas de tranſcrire les Regiſtres de ces Academies; mais de donner dans un ſeul Volume un Abregé Hiſtorique de la naiſſance, de l'utilité, des progrés, & des faits les plus remarquables, depuis le commencemẽt de ces Academies, juſques au jour que je les finirai. Ainſi comme ces Hiſtoires particulieres qui paroiſſent déja, & que nous pourrons avoir, ne dérangeront rien de mon deſſein, qu'au contraire elles me ſeront d'un grand ſecours, ſi l'on les donne bien-tôt au public; l'Abregé que je donnerai dans un seul Volume de l'Histoire de toutes les Academies, ne doit point arrêter ceux qui y travaillent, puisque notre dessein, quoi qu'il ait la même fin, est pourtant bien different, par la maniere dont nous le traiterons.

C'est une verité que tout le monde croira sans peine, qu'il est moins aisé d'écrire ce qu'a fait le Roi, pour signaler sa protection envers la Religion, que toutes les autres merveilles de son Regne. J'ai pour garens de ce que j'avance autant de témoins qu'il a de Sujets dans ses Etats, & qu'il y a eu d'Etrangers venus des païs les plus éloignez, pour goûter dans son Royaume la douceur de sa Monarchie. Il n'y a pas un d'eux & de nous qui n'avouë que jamais Prince ne s'est tant appliqué à soûtenir les interests de l'Eglise, qu'a fait LOUIS LE GRAND; & comme son Regne surpasse déja en durée, graces au Ciel, celui de tous ses Predecesseurs, il les surpasse aussi par la pieté constante, dont il a donné des preuves éclatantes à tout l'Univers: aussi voit-on tout le Clergé de France uni pour le regarder comme un autre Moïse, lequel se servant avec prudence de l'autorité que Dieu lui avoit donnée sur son peuple, le conduisoit dans les deserts pour le soûmettre par l'exercice des bonnes œuvres, aux ordres qu'il recevoit du Seigneur sur la montagne, ou comme un digne successeur de Saint Louïs, qui employa toutes ses forces à combattre les vices, à sanctifier son Royaume, & à détruire l'impieté, même dans les païs les plus barbares. Car y a-t-il un endroit dans le Royaume où

LOUIS LE GRAND n'ait
donné des preuves de sa pieté &
de son amour pour l'Eglise ?
Combien d'Edits, de Declara-
tions, d'Ordonnances & d'Ar-
rests n'a-t-il pas rendus pour la
Religion, pour le culte de Dieu,
le rétablissement des Eglises, la
décoration des Autels, & contre les impies & les blasphema-
teurs ? Combien de Missions
faites dans tout son Royaume,
par ses ordres & à ses dépens ?
Quels presens n'a-t-il pas faits
aux pauvres Eglises ? cette matiere est si vaste, qu'il y auroit
dequoi remplir plusieurs Volumes, si je voulois donner au public tout ce que le Roi a fait en
faveur de la Religion & de l'E-
glise ; je tâcherai pourtant de ne
rien oublier, & d'écrire par ordre l'Histoire de tous les Seminaires de France, & de toutes
les Communautez.

Il faut demeurer d'accord qu'il ne s'est rien fait dans l'Eglise qui soit si utile. Nous avons la consolation de voir que sous le Regne de LOUIS LE GRAND les vœux des Peres du Concile de Trente se sont heureusement accomplis dans tous les Diocefes de France, où brille la regularité du Clergé, qui prend dans ces Seminaires une pieté capable de sanctifier le Troupeau que Dieu confie à sa conduite & à ses soins. Rien, a mon sens, n'est si digne de l'admiration de tous les Chrétiens que cette noble émulation qui s'est trouvée entre le Roi & les Evêques pour l'établissement de ces Seminaires, & rien ne seroit plus beau qu'un Volume qui en contiendroit l'Histoire; je la donnerai aisément si le Roi & Messeigneurs les Evéques me veulent fournir les secours & les memoires que je demande. N'eft-il pas de l'intereft de l'Eglife que ces heureux établiffemens ayent une efpece d'immortalité, par un récit édifiant qui anime la pofterité à entretenir des monumens que la pieté des Sujets qui vivent fous le glorieux Regne de LOUIS LE GRAND a élevez pour le Clergé, qui eft la partie la plus noble de l'Etat?

Y aura-t-il rien auffi de fi édifiant que l'Hiftoire de toutes les nouvelles Communautez, tant Seculieres que Regulieres qui fe font établies dans tout le Royaume par Lettres Patentes de Sa Majefté. Paris eft plein de ces nouveaux Etabliffemens ; car outre ceux qui ont pour Inftituteur Monfieur Vincent, qui a établi les Peres de la Miffion à Saint Lazare, & Monfieur Ollier le Seminaire de Saint Sulpice, d'où font fortis grand nombre

de

de sages & de saints Prêtres, qui
ont portez dans plusieurs Villes
du Royaume le veritable esprit
du Sacerdoce ; j'y trouve encore
tant d'autres Maisons Seculieres,
que j'aurois dequoi remplir plusieurs Volumes. Je n'oublirai pas
la Maison de l'Institution des
Prêtres de l'Oratoire , fondée
par Monsieur Pinet, & toutes
les autres Maisons que leur pieté & leur zele, éclairé d'une
science profonde, leur a procuré
sous le Regne du Roi en plusieurs Villes du Royaume, où
ils font revivre le veritable esprit du Sacerdoce, dont leur digne Fondateur Monsieur le Cardinal de Berule étoit si rempli.

Je n'oublirai pas l'Histoire du
Seminaire des Missions Etrange-
res, d'où sortent ces genies superieurs, qui portent à la Cour
une pieté distinguée, qui engage
le Roi a favoriser un zele qui

E

les fait paſſer dans les païs éloignez.

Ils n'avoient point encore d'Egliſe à Paris en 1683. ils réſolurent d'en bâtir. Le Roi qui en eut quelque connoiſſance, ordonna à Meſſire François de Harlay, Archevêque de Paris, de mettre la premiere pierre au nom de Sa Majeſté ; nulle autre main ne pouvant fonder plus ſolidement les Temples du vrai Dieu, que celle d'un Roi, qui a renverſé les Temples de l'Hereſie. Ce fut le quatriéme jour d'Avril de la même année que la Ceremonie s'en fit avec beaucoup de magnificence. On poſa ſous cette pierre une Medaille d'argent, portant d'un côté le Portrait du Roi, avec cette inſcription autour :

LUDOVICUS MAGNUS REX.
Et fur le revers étoit écrit:
D. O. M.

LUDOVICUS MAGNUS,
PATER PATRIÆ PER
FRANCISCUM DE HARLAY
PARISIENSEM ARCHIEPISCOPUM
DUCEM, PAREMQUE FRANCIÆ
PRIMUM LAPIDEM POSUIT
IN SEMINARIO MISSIONUM
AD EXTEROS M. DC. LXXXIII.
INNOCENTIO XI.
SUMMO PONTIFICE.

Cette Medaille a été envoyée en Afie, par les foins de Meffieurs Brifacier & Tiberge, & dans toutes les autres parties du monde, où ces Miffionnaires vont prêcher l'Evangile, pour faire voir aux Princes & aux nouveaux Catholiques, avec combien de zele & d'affection LOUIS LE GRAND s'employe à entretenir & à élever des perfonnes de vertu & de pieté pour les inftruire dans la Religion de JESUS-CHRIST.

C'est ce que dît encore plus éloquemment Monseigneur l'Archevêque de Paris, en faisant remarquer à ces Seminaristes ; 1°. L'admiration où ils devoient être de la bonté de Dieu, qui avec toute sa grandeur, ne dédaigne pas d'habiter dans les Temples bâtis de la main des hommes, & qui vouloit bien se renfermer dans les bornes étroites de celui qu'ils alloient élever. 2°. La pieté & la Religion du Roi, qui au milieu de ses grandes occupations s'employe volontiers à toutes les œuvres qui regardent le culte de Dieu, & principalement à celles qui pouvoient porter tout ensemble & la gloire de l'Eglise, & le nom de Sa Majesté, jusques aux extrêmitez du monde. 3°. La joye particuliere qu'il ressentoit, d'avoir été choisi pour cette sainte Ceremonie, & combien il étoit

ravi de témoigner en cette oc-
casion son estime & son affection
pour ce Seminaire, ajoûtant qu'il
esperoit que cette action attireroit sur eux une double benediction, la rosée du Ciel, & celle
des biens de la terre, qu'ils ne
souhaitoient que pour les employer au culte de Dieu. C'est
ainsi que s'expliquoit toûjours
aisément ce grand Prelat dans
toutes les occasions où il étoit
obligé de parler. La grace & la
nature lui avoient donné des talens qui l'ont rendu l'amour &
l'admiration de son siecle ; & la
mort qui vient de nous l'enle-
ver, aprés avoir rendu à l'Eglise
& à son Prince les plus impor-
tans services qu'un Roi puisse
souhaiter d'un fidele Sujet : la
mort, dis-je, toute cruelle qu'elle est, ne pourra effacer la memoire d'un si grand Prelat, tant
qu'il y aura des hommes qui

sçauront honorer le vrai merite,
& Paris ne se consoleroit jamais
d'une perte si grande, si elle n'é-
toit reparée dans la personne de
Monsieur de Noailles, lequel
aprés avoir fait briller les éminentes vertus des saints Evêques
de la primitive Eglise, dans les
Evêchez de Cahors & de Châlons,
s'est rendu digne du choix du plus
pieux Monarque du monde; éloge qui renferme seul tout ce que
l'éloquence pourroit trouver de
plus grand & de plus noble.

Je parlerai de la maniere de
vie de ces illustres Solitaires qui
ont encheri de nos jours sur la
ferveur de leurs Instituteurs. Ils
ont porté si loin l'austerité, la
retraite & la penitence, que le
siecle s'est étonné plus d'une fois
que des Hommes *a* & des Filles *b* puissent si long-tems soûte-

a La Trape.
b Les Clairets.

nir une vie fi dure & fi oppofée
à la vie du monde. On me fçau-
roit mauvais gré de ne pas pein-
dre au naturel l'innocence de ces
Solitaires, & de ne pas rendre
à leurs vertus heroïques dans
le monde, le témoignage que
JESUS-CHRIST leur rendra
un jour à la face de tout l'Univers.

Cet efprit de regularité fi uni-
verfellement répandu dans le
Royaume par le fecours des
grands Hommes de bien qui ont
vécus dans ce fiecle, & dont le
R. P. Giry a écrit la Vie, a été
fuivi de l'imitation de plufieurs
Femmes & Filles qui ont porté
les vertus à un degré de perfection fi éminent, qu'elles ne ce-
dent en rien aux Paules, aux Melanies, aux Euftochiums, & aux
autres Dames, dont faint Jerôme fait l'éloge en tant d'endroits
de fes Ouvrages.

E iiij

J'ai déja parlé de la Communauté des Sœurs de l'Union Chrétienne dans la Vie de Monsieur le Vacher, leur Instituteur, que j'ai donnée au public; j'y ai fait remarquer que si Dieu avoit autrefois suscité à Rome des Marcelles, des Olimpiades à Constantinople, des Paules & des Melanies à Jerusalem, & plusieurs autres en differens endroits, qui sans entrer dans les engagemens d'une vie entierement retirée, n'ont pas laissé de pratiquer les vertus les plus heroïques, & de s'appliquer au salut des ames, sous l'ordre & la conduite des Evêques & des Prêtres. Nôtre siecle qui ne cede en rien à tous ceux qui l'ont precedé en évenemens extraordinaires bons & mauvais, a porté plusieurs Dames d'un rang & d'une pieté distinguée, à suivre les mouvemens de la charité;

& à embraſſer tous les moyens qu'elle leur a ſuggeré, pour procurer le ſalut & le ſoulagement des perſonnes de leur ſexe.

Pour prouver ce que j'avance, je ferai l'Hiſtoire de tous les Etabliſſemens des Sœurs de l'Union Chrétienne, des Filles de la Croix, de Madame de Miramion, des Nouvelles Catholiques, des Filles de la Miſericorde, de Sainte Agnés, & de celles de Saint Joſeph établies & fondées par Madame de Monteſpan, & de tant d'autres Communautez, où les Veuves & les Filles qui veulent vivre retirées du monde ſans faire de vœux, peuvent demeurer avec honneur & ſans beaucoup de dépenſe.

Je ferai voir qu'elles font tant de bien dans l'Etat, qu'il n'y en a aucunes auſquelles notre pieux Monarque n'ait fait des liberalitez, ou pour contribuer à leur

E v

établissement, ou pour le soûtenir & le faire fleurir avec
éclat.

Je n'en demeurerai pas là:
pour faire voir ce que LOUIS
LE GRAND a executé, afin
de donner au Roi des Rois des
preuves invariables de son attachement à la Religion, & à la
veritable Eglise; j'apprendrai à
la posterité les Missions qui se
font faites dans les Païs les plus
barbares, par des Evêques, des
Prêtres & des Religieux envoyez
aux dépens du Roi, dans la Per-
se, dans la Turquie & dans la
Chine, & jusques aux extrêmitez du monde, où il a fait ado-
rer le vrai Dieu. Et comme les
Peres Jesuites ont porté plus loin
que les autres la ferveur de leur
zele pour Dieu & pour le Roi,
on verra avec admiration ce que
l'amour divin, plus ingenieux
que l'amour profane leur a fait

inventer, pour donner des ado-
rateurs à J e s u s-C h r i s t aux
dépens de leur ſang, qu'ils ré-
pandent avec autant de joye que
les premiers Chrétiens, pour meriter comme eux les glorieuſes
qualitez de Confeſſeurs & de
Martyrs.

Ce ſera dans ce même endroit
qu'on verra les Religieux Hoſ-
pitaliers rétablis dans le pouvoir
qu'ils avoient autrefois dans Je-
ruſalem, où il eſt vrai de dire
que ſous les auſpices & l'autorité
d'un Roi ſi pieux, ils ont reſſuſ-
cité la foi dans le lieu même où
l'Auteur de la vie eſt mort. Ce
ſera-là qu'on apprendra quand,
& comment la Paleſtine lui eſt
redevable de ſa délivrance du
long & dur eſclavage des Infideles: comment enfin tous les
Privileges accordez autrefois par
le Sultan Selim, & depuis abolis
par ſes ſucceſſeurs, viennent d'ê-

tre renouvellez par les sages &
vives sollicitations des Ambas-
sadeurs du Roi auprés du Grand
Seigneur. Ce triomphe de la Religion dans un lieu où elle en
avoit autrefois remporté de si
beaux par la prédication des A-
pôtres, est d'autant plus grand
que Louïs le Jeune, Philippes
Auguste, & le grand Saint Louïs
ses predecesseurs, l'avoient inutilement tenté, sans pouvoir y
réüssir. Ce sera-là enfin qu'on
verra ce que le Roi a fait depuis
peu en faveur des Catholiques
de la grande Armenie, à la priere
des Religieux de Saint Domini-
que, qui étant les seuls Ecclesiastiques de ce païs-là, en ont
le gouvernement spirituel depuis
trois cens ans. Mais en même
tems je ne manquerai pas de
faire remarquer que LOUIS
LE GRAND apprend à tous
les Potentats de la terre, que si

les Princes Catholiques ont quelque correspondance avec les Infideles & les Heretiques, ce ne doit être que pour l'affermissement & la propagation de la foi, & pour proteger dans les Païs barbares la Religion & le culte de Jesus-Christ.

Quoique tout le monde n'apprenne qu'avec admiration ces grandes merveilles que le Roi a faites pour l'Eglise, & qu'il semble que sa Religion ne puisse aller plus loin, il a pourtant encore érigé dans Paris, & dans les autres Villes de son Royaume, des Monumens de sa pieté, que la durée des siecles avenir ne pourra jamais effacer : ce sont des Hôpitaux qu'il a fait bâtir pour les pauvres, les membres vivans de Jesus-Christ.

Il paroît par les anciennes Ordonnances du Roi Charles IX. renduës à Moulins en 1566. &

du Roi Henri III. en 1586. que
les trois Etats du Royaume af-
femblez, avoient fait inutilement
dans les fiecles paffez des re-
montrances pour renfermer une
infinité de perfonnes qui vivent
prefque fans Religion dans le
Royaume, ou qui n'en ont qu'autant qu'il en faut pour exciter
par des dehors trompeurs les
charitez des gens de bien. La
volonté de tant de Rois, l'autorité des Cours Superieures, &
le concours des gens de bien,
n'avoient pû arrêter ces defor-
dres, parce que le mal paroif-
foit plus grand que les remedes
qu'on imaginoit; la grandeur de
cette entreprife, & la gloire de
l'execution étoient refervées à
LOUIS LE GRAND.

Ce fut en 1656. que le Roi
donna un Edit pour bâtir des
Hôpitaux Generaux pour l'un
& l'autre fexe, & qu'il fonda

ceux de Paris ; mais voulant que ce grand bien se répandit dans tous ses Etats, il ordonna en 1661. qu'il en seroit pareillement bâti dans toutes les Villes & les gros Bourgs de son Royaume, pour y loger & nourrir les Mandians du païs, les rendre capables de gagner leur vie, sans qu'ils leur soit permis de courir de Ville en Ville. On ne peut rien voir de plus touchant que les Lettres circulaires de Sa Majesté à tous les Evêques, & aux Parlemens, pour procurer l'établissement de ces Hôpitaux.

La volonté du Roi fut executée avec tant de promptitude, que toutes les Villes du Royaume crurent qu'il ne leur étoit pas permis de laisser courir les pauvres vagabons dans les Provinces, pendant qu'on avoit trouvé des moyens à Paris de les renfermer dans des Hôpitaux,

bâtis avec tant de magnificence,
qu'ils ont plûtôt l'air de Palais
que de Maisons de retraite pour
les Mandians ; & je ne sçai si
cette magnificence n'est point la
cause de la liberalité de tant de
personnes, qui contribuent par
leurs aumônes à l'entretient de
ces bâtimens, & à la subsistance
des pauvres : mais je sçai bien
qu'il n'y a guere de testamens
qui ne soient chargez de quelques legs pour ces Hôpitaux.
Tout Paris vient d'admirer que
Monsieur Petitpied Tresorier de
France, ait laissé par le sien cent
mille livres à l'Hotel-Dieu, parce qu'en effet cette liberalité a
plus l'air de celle d'un Souverain
que d'un Sujet. Quand la pieté
& la charité ne seroient pas he-
reditaires dans cette famille,
cette aumône que les heritiers
ont donnée avec autant de joye
que de promptitude, attireroit

sur eux toute sorte de benedictions. Si ce bel exemple étoit
suivi de tous les particuliers qui
le peuvent sans incommoder
leurs familles, nous verrions
moins de pauvres dans une extrême misere, & ces Fondations
seroient autant utiles aux riches,
qui ne se verroient plus exposez à
l'importunité des vagabons,
qu'aux veritables pauvres, qui
seroient sûrs d'un azile, où la sage conduite des Administrateurs,
trouveroit le moyen de remplir
tous leurs besoins.

Et comme si ce n'étoit pas assez au Roi d'avoir établi ces Hôpitaux, sa pieté & sa sagesse ont
agi de concert dans l'établissement des Maisons de Refuge,
persuadé qu'il n'y a pas un moyen
plus sûr de retirer du libernage
les personnes du sexe qui ne re-
viennent presque jamais de leurs
mauvaises habitudes que par la

clôture, qui les retire de l'occa-
sion du peché. Je ferai l'Histoire
de tous ces Etablissemens ; mais
auparavant je ne puis m'empêcher de dire qu'il sembloit qu'u-
ne grandeur aussi élevée que l'est
celle du Roi, ne pouvoit plus
recevoir aucun accroissement
que par la gloire qu'il y a d'i-
miter le veritable Soleil de justice, que la plus pure & la plus
sainte de toutes les creatures a
loüé, en disant que cette Majesté
divine ne dédaigne pas de jetter
ses regards sur les personnes les
plus pauvres, & sur les choses
les plus basses, *Humilia respicit.*
Ce qui rend auguste la bonté
qu'a le Roi de s'abaisser jusques
à se faire le Protecteur des Hôpitaux, des Maisons de Refuge,
& des Enfans trouvez. Il n'y en
a pas une qui ne doive graver sur
le marbre & l'airain ce Distique,
qui est écrit au plus bel endroit

de l'Hôpital general de Peri-
gueux à la loüange du Roi.

Orbis te magnum, invictum te territus
hostis,
Roma pium celebrat, te domus ista
patrem.

Je voudrois encore que pour
Devise, on y ajoûtât un Soleil qui luit sur des Vers à
soye qui travaillent, avec ces
paroles qui en font l'ame :
Fovet ut laborent.
Rien ne marqueroit mieux la
bonté du Roi, qui a pris le Soleil pour symbole, envers les pauvres representez par des Vers à
soye, qui ne peuvent travailler,
si ce bel Astre ne leur communi-
que sa chaleur.

Quand une charité si univer-
selle se trouve dans le cœur d'un
si grand Prince, ne doit-on pas
s'attendre d'y voir éclater une
justice encore plus étenduë? Ce
sera donc dans cet endroit que

je dirai que son amour pour la
Justice lui a fait faire des Loix
plus équitables que celles de Li-
curgus, & plus saintes que celles
de Numa ; je dirai que son extrême desir de procurer du bien à ses
Sujets, son application à travailler à leur repos, son tendre amour
pour eux, lui ont fait imaginer
des choses merveilleuses pour
leur soulagement, & pour leur
tranquillité. Il les a inventées
en homme de bien, il les a exa-
minées en pere de ses peuples,
il les a fait executer en Roi qui
les aime.

Je ne dis rien qui ne se justifie
par le Code qui porte son Nom,
qu'il a fait publier & suivre, pour
retrancher les desordres du Bar-
reau, par l'établissement d'une
seule Ordonnance dans tout le
Royaume, en telle sorte que sa
vigilance oblige les Magistrats à
faire leur devoir en imitant ce

grand modele de toutes les vertus ; & s'il est arrivé que quelqu'un se soit plaint de leur
avarice & de leur iniquité, on
apprendra dans l'Histoire des
Grands Jours, & de la Chambre
de Justice, que le dommage en
a été entierement reparé. On
sera ravi de sçavoir dans les siecles à venir ce qu'étoit cette
Chambre de Justice pour réta-
blir l'ordre des Finances ; la
Chambre Royale pour le jugement de certaines affaires que
Sa Majesté y avoit attribuées; ces
Parlemens nouveaux, ces Cham-
bres des Comptes, ces Conseils
Souverains , & plusieurs autres
établissemens , pour faire fleurir
la Justice dans ses Etats; mais on
sera encore plus aise d'apprendre
la grandeur d'ame qui a éclaté
dans ce Monarque, lorsque re-
fusant le gain de cause que lui
assûroit avec justice la plus

grande partie des voix de fon
Confeil, il prononça contre lui-
même en faveur de fes Sujets,
qui fans fa permiffion avoient
bâti fur les places de fon Do-
maine. Cette generofité auffi
extraordinare que furprenante,
& dont l'Hiftoire parlera dans
tous les fiecles avec admiration,
lui attirera les loüanges de ceux-
même qu'un trop grand amas de
merite & de vertus rendoit jaloux de fa gloire.

N'imita-t-il pas, que dis-je,
ne furpaffa-t-il ce fameux Le-
giflateur des Locriens, lequel
aprés avoir prononcé qu'on cre-
veroit les yeux à l'adultere, &
ayant trouvé fon propre fils tranf-
greffeur de cette Loi, fe refolut
pour ne pas violer le nom de Juge,
plus facré pour lui que celui de
pere, à donner un de fes yeux à
la place de celui dont il faifoit
grace à fon fils, & conferva par ce

moyen, pour ainſi dire, les yeux à
la Juſtice, afin de ne rien diminuer
de la force & de la ſeverité de
ſa Loi. Et je ne crains pas d'aſ-
ſûrer qu'on verra dans tout ce
que le Roi a fait pour la Juſtice
des actions ſi heroïques, qu'il
ſurpaſſe ce qu'on a dit de Con-
ſtantin, de Theodoſe, de Charlemagne, & de Saint Louïs, qui
ont été juſques à LOUIS LE
GRAND, des modeles inimi-
tables de la pieté & de la vertu
des Rois.

Mais comme les Ordonnances
qu'il a faites pour la Juſtice ren-
ferment auſſi celles qu'il a renduës pour la guerre, ce ſera dans
cet endroit que je parlerai de
tout ce que Sa Majeſté a fait pour
la police de ſes Armées ; ſes Reglemens y ont été ſi religieuſe-
ment obſervez, qu'on a veu des
Païſans travailler & vivre tranquillement chez eux, au milieu

des plus nombreuses Armées que l'antiquité ait jamais vûës. Ce sera dans cet endroit que Monsieur de Louvois, ce Ministre infatigable, trouvera les éloges dûs à son rare merite, puisqu'il a fait pour l'agrandissement de l'Etat, des actions dont le recit étonnera la posterité, par le bon ordre qu'il a sçû mieux qu'un autre, faire observer dans les Troupes de Sa Majesté. Mais sans parler des Victoires que le Roi a remportées avec les grandes Armées qu'il a toûjours euës sur pied, je ne m'attacherai qu'à faire connoître le changement qu'il a apporté dans la conduite des Troupes, & dans l'Art Militaire, qui n'est plus ce qu'il étoit avant LOUIS LE GRAND. J'y joindrai la description des Villes, des Forts, des Châteaux, des Citadelles qu'il a fait bâtir, sur le Rhin,

sur

fur la Meufe, fur l'Efcaut, & dans tous les endroits de fes Etats, pour rendre la France redoutable à fes Ennemis, en la mettant à couvert de la force de leurs armes.

Je ne me contenterai pas de faire voir ce que le Roi a fait pour l'Art de la guerre fur terre: j'efpere faire connoître à tout l'Univers ce qu'il a fait auffi pour la Marine. Les François n'avoient jamais connu ce dont ils étoient capables fur mer: ils avoient eu feulement quelques Flottes dans la Mediterranée & dans l'Ocean; mais ils n'avoient jamais ambitionné de furpaffer les Nations voifines par le nombre & la grandeur de leurs Vaiffeaux. Cette gloire étoit refervée à L O U I S LE GRAND, il a eu des Armées Navales dans les deux mers, qui ont porté l'étonnement, la terreur & l'effroi dans

F

tout le monde , en telle sorte
qu'il n'y a aucun endroit dans
l'Univers où les François n'ayent
porté leur nom & leurs con-
queftes par le fecours de ces re-
doutables Flottes inconnuës a-
vant le glorieux Regne de
LOUIS LE GRAND.

C'eft par le fecours de cet
Art de la navigation, que les
deux Indes, la Chine, le Japon
& le Java nous font connus; fi
l'Orient & l'Occident enfemble
nous ont decouvert quelque fe-
cret nouveau dans la Phyfique,
s'ils nous ont donné des aroma-
tes & des baumes, dont l'ufage
eft fi utile à combattre les mala-
dies & à nous conferver, fi les
vegetaux, les fimples, les mine-
raux, & les pierres mêmes de
l'Afie, de l'Affrique & de l'A-
merique ont quelque nouvelle
vertu qui foit inconnuë au refte
de la terre, la France par les

foins de fon grand Roi eft tou-
jours la premiere à en tirer l'a-
vantage, fans fortir de fon Louvre, il parcourt pour ainfi dire
les Provinces de l'Univers par ce
nombre de Sujets qu'il envoye
de toutes parts pour être infor-
mé par leur moyen de l'étenduë de ce globe terreftre, de la
fource & du cours de fes rivieres,
du langage & des coûtumes de
tous les peuples. Combien leur
a-t-il fait faire de courfes &
d'entreprifes par mer & par terre,
auffi bien concertées que celles
des Colombes & des Vefpuces?
En un mot, combien avons nous
retiré d'avantages de l'Art de la
navigation, & de ces fameux
Ports de mer que le Roi a fait
bâtir en differens endroits de fes
Etats, pour pouvoir auffi aifé-
ment foûtenir la guerre par mer
que par terre? Si j'avois des memoires de tous les Intendans du

Royaume aussi fideles & aussi exacts que ceux que m'a envoyé Monsieur Begon Intendant de Rochefort, je puis me vanter que je donnerois une Histoire de tous les Etablissemens & de toutes les Fondations que le Roi a faites, si entiere, qu'il n'y auroit rien à desirer. Quand Monsieur Begon ne seroit pas aussi universellement connu pour un homme d'esprit, de bon goût, qui aime les belles Lettres, & qui remplit si dignement les grands emplois que Sa Majesté confie à sa sagesse & à son activité, on seroit obligé de rendre un jugement avantageux de sa capacité, en lisant seulement les memoires qu'il a eu la bonté de m'envoyer, sur tout ce que le Roi a fait à la Rochelle, à Rochefort, dans les Isles de Rez, d'Oleron, & dans tout le Païs d'Aunis : plût à Dieu pour la

Religion, & pour la gloire du Roi,
que les autres Intendans à qui
j'en ai demandé euffent été ani-
mez du même zele, & m'euffent
engagé à mêler ici leurs éloges
avec celui du Roi.

On pardonnera bien cette di-
greffion & cette plainte à un Auteur qui ne demande que des
Memoires pour travailler ; de-
vroit-on les refufer à l'empreffe-
ment qu'il a, de finir un Ouvrage où tous les Sujets qui y con-
tribueront, trouveront par des
loüanges dûës à leur merite, la
recompenfe de leur peine, fi c'eft
une peine que de fe procurer
une efpece d'immortalité, en con-
tribuant à celle de leur Souverain. Mais mon zele m'emporte
trop loin, je reviens à mon fujet,
& je dis que les grandes chofes
que le Roi a faites pour la navigation ont été également utiles
à la guerre & au commerce. Ce

Prince qui connoit l'importance du commerce dans ſes Etats, a eu en vûë de le favoriſer pour le faire fleurir dans ſon Royaume.

Je ne veux pas qu'on m'en croye à ma parole, je vais ici prouver en peu de mots, qu'aucun Roi du monde n'a tant imaginé de projets d'entretenir le commerce que LOUIS LE GRAND en a executé. Il en fit une affaire d'Etat en 1664. & ſur ce qui lui fut repreſenté par le Sieur Maillet, au nom d'une grande Societé de Marchands de Paris, il établit une Compagnie Françoiſe pour le commerce des Indes Orientales & Occidentales, il en fit dreſſer les articles, les autoriſa par des Lettres Patentes, & leur procura des Privileges ſi beaux, qu'on jugea qu'il falloit tout attendre d'un etabliſſement dont les commencemens étoient si heureux.

Les Cours Superieures verifierent cette Declaration, & donnent de grosses sommes pour joindre à celles de ces Compagnies. Les Princes, & toutes les personnes les plus illustres de ses Etats s'y interresserent pour des sommes notables, dont le fond monta à plus de quinze millions la premiere année.

Pour favoriser ces grandes entreprises, le Roi établit un Conseil pour les affaires de ces Compagnies ; il écrivit à toutes les Cours & aux Intendans, pour les obliger à donner une entiere protection aux Marchands, à expedier leurs affaires par preference aux autres ; & pour engager toutes sortes de personnes, même les plus timides, à donner leur argent, le Roi établit une Chambre des Assûrances, qui fit des progrez considerables,

& qui obligea les autres Nations
à la preferer aux Places étrangeres , tant pour la facilité avec
laquelle les pertes y étoient re-
glées , que pour l'exactitude des
payemens. Delà vinrent ces Na-
vigations dans les Païs les plus
éloignez ; delà les alliances tres-
étroites avec les Princes de ces
Ifles ; delà enfin les grands avantages que la France en a retiré
par la fage conduite de Monfieur
Colbert , qui regloit tous ces
grands projets par les ordres du
Roi.

Que la Flandre & la Hollan-
de ne vantent plus aux Nations
étrangeres la fineffe de leurs toi-
les & de leurs tapifferies ; que
Londres , Venife , Naples & Mi-
lan fi renommez par la beauté de
leurs criftaux , & pour les tiffures
de leurs draps & de leurs étoffes
de foye, d'or ou d'argent, ne nous
difputent plus la préeminence

pour ces fortes d'Ouvrages, Paris & plufieurs Villes de France font aujourd'hui le centre de toutes fortes de Manufactures; on y invente & on y fabrique maintenant avec la derniere perfection tout ce qui peut fervir à la neceffité & au plaifir de la vie, & tout ce qui eft capable de contribuer à la magnificence & à la delicateffe; & il eft impoffible que tous ces avantages ne fe rencontrent pas dans un Etat où le Souverain employe tous les ans des millions à l'établiffement des Manufactures, à l'entretien de ces Hommes illuftres dans tous les Arts, qui travaillent avec tant d'émulation & de fuccés, qu'ils inventent tous les jours des machines nouvelles, & parviennent à des découvertes qui avoient été cachées & inouies jufques à nous pour les criftaux, les porcelaines, & plufieurs au-

tres raretez que nous admirons,
& dont je ferai voir les commencemens & les progrez. Ouï, il
eft impoffible que nous ne jouïf-
fions pas de tant de merveilles
dans un Etat où le Monarque a
pris dans fon Epargne des fom-
mes confiderables, afin de rendre navigables les Rivieres de
fon Royaume qui le pouvoient
être, pour la commodité des
Marchands.

Me voilà infenfiblement arrivé à ces grands Ouvrages, qui
feroient beaucoup de bruit dans
un autre Etat que celui de
LOUIS LE GRAND, qui nous
a accoûtumé à voir des chofes
extraordinaires. Mais nos def-
cendans feront furpris quand
ils apprendront l'entreprife &
l'execution admirable de la jonction des deux Mers, du Canal
de Rouffillon, du Canal de Maintenon, qui conduit à Verfailles

la Riviere d'Eure, & du nouveau
Canal d'Orleans, malgré l'étenduë de tant de plaines, & la
hauteur de tant de montagnes;
ils auroient de la peine à croire
l'accompliſſement de tant de Ca-
naux, & de Rivieres creuſées,
élargies ou détournées pour l'em-
belliſſement des Villes, la commodité des Provinces, & la facilité de la navigation & du commerce; ils attribuëroient à la
nature ce qui eſt un effet de l'Art,
ſi nous ne tâchions par une Hiſtoire veritable de leur perſuader
que ces entrepriſes qu'on avoit
toûjours regardées comme im-
poſſibles, étoient reſervées à
LOUIS LE GRAND.

En effet le Canal qui fait l'u-
nion de l'Ocean avec la Mediterranée, eſt un Ouvrage que
Jules Ceſar avoit projetté, tan-
dis que les Gaules reconnoiſſoient
l'Empire Romain; il avoit eu-

core été dans l'idée des Rois predecesseurs de Sa Majesté, comme on le voit dans les Memoires du Cardinal de Joyeuse. Et
le Roi par une saignée qu'il a
faite à ce grand Canal vient de
le joindre à la Riviere de Nar-
bonne, où cette saignée le conduit, en telle sorte qu'il est vrai
de dire que par cette voye le
Canal de Roussillon communi-
que avec l'Ocean ; mais il a cet
avantage qu'il est conçû pour de
plus grands desseins que celui de
Languedoc, puisqu'il ne tend
qu'à la gloire & au bon succés
des armes de Sa Majesté, au lieu
que l'autre n'a été fait que pour
la seule commodité du commerce.

Le projet du Canal de Rouf-
sillon a été formé par Monsieur
le Président de Trobat, Intendant de Roussillon, dont le zele
pour la gloire & le service du

Roi fournit toûjours à son ima-
gination des inventions nouvelles, pour faire paroître avec plus
d'éclat le veritable attachement
qu'il a pour les interests d'un
si grand Monarque. Et Monsieur
Riquet, natif de Beziers, homme d'un genie heureux, & d'u-
ne penetration tres-vive, est
l'Auteur du Canal de Languedoc.
Il fit entendre à Monsieur Colbert que le grand dessein de la
jonction des deux Mers par le
Canal de Languedoc, dont on
avoit tant de fois parlé, étoit fai-
sable, & qu'il répondoit du succés, quoique ce grand Canal
deût avoir soixante-quatre lieuës
de France. Ce sage Ministre que
rien ne rebutoit quand il s'agis-
soit de la gloire de son Prince,
fit commencer ce grand Ouvrage en 1666. sous les ordres & la
conduite de Monsieur Riquet, a
qui la gloire en est dûë. Comme

il restoit peu à faire pour le voir
parfait , il avoit lieu d'esperer
que le premier essai de ce Canal
ne se feroit point sans qu'il y
reçût les justes loüanges qu'on
lui preparoit de toutes parts ; cependant quelque digne qu'il en
fut, sa mort le priva du plaisir
de les entendre ; elle arriva au
commencement d'Octobre de
l'année 1680. environ un an a-
vant la perfection de ce Canal.
Je donnerai un exact recit de
tout ce qui s'est fait depuis le
projet de ces deux grands Ouvrages , & du nouveau Canal
d'Orleans, plus commode que
celui de Briare , jusqu'au tems
qu'ils ont été achevez & en état
de servir.

Aprés être venu à bout d'une si
grande entreprise , on ne s'étonnera plus que le Roi ait fait venir à Versailles la Riviere d'Eure par un Canal artificiel , dont

la longueur eſt de plus de vingt
lieuës, & qui ſurpaſſe par la magnificence de ſes Aqueducs tout
ce que les Empereurs Romains
ont fait dans l'étenduë de pluſieurs ſiecles. On y voit en pluſieurs endroits des triples arca-
des l'une ſur l'autre, d'une hauteur prodigieuſe, des montagnes
aplanies, des valons comblez,
& des Ouvrages dont la perfection ſurpaſſe tout ce qu'on
peut imaginer. On donnera à
jamais mille loüanges aux motifs de bonté qui ont inſpiré ce
deſſein au Roi, puiſque ce qu'il
a eu principalement en vûë dans
cette grande entrepriſe, a été
de faire trouver les moyens de
ſubſiſter à ceux d'entre ſes Sujets
qui avoient beſoin de quelque
ſecours, pour ne pas mener une
vie entierement malheureuſe, &
de fournir de l'occupation à ſes
Troupes, afin qu'une longue

oifiveté ne les fit pas devenir inhabiles au travail, fi quelques Puiffances jaloufes de fa grandeur troubloient le repos qu'il avoit donné à l'Europe. De forte que l'embelliffement que recevra Verfailles pour toûjours des eaux que cet étonnant & merveilleux Aqueduc y doit conduire, n'a prefque pas été confideré par le Roi : ce Monarque comtant pour rien ce qui regarde fes propres plaifirs. Car la beauté de Verfailles n'eft pas pour lui feul, il fe fait une joye de donner cet ornement à la France, & de tenir fa Cour dans un lieu delicieux, où elle joüit des plaifirs de toutes les faifons, & de celui d'être bien logée, pendant que les foins de la grandeur & du repos de l'Etat, le tiennent dans un travail qui a fort peu de relâche ; mais il eft auffi content lorfque fa Cour, fes Sujets,

& les Etrangers joüissent des charmes de ce magnifique lieu, & des divertissemens qu'il y donne, que s'il les prenoit sans cesse lui-même.

Voila la plus grande partie des Fondations Royales, & des Etablissemens faits sous le Regne de LOUIS LE GRAND. Si je ne les énonce pas tous dans cet Abregé, où il est difficile, & même inutile, d'exprimer certaines petites choses renfermées dans celles qui sont plus considerables, je sçai bien que je n'en oublirai aucunes de toutes celles qui ont été faites en faveur de la Religion, de la Justice, de la Guerre, des Sciences, des beaux Arts & du Commerce, si j'ai le tems & les moyens d'achever ce grand Ouvrage. Si pourtant il y en a quelqu'une qui échape à mes recherches, les fameux Historiens de la Vie d'un si grand Heros, suppléront à ce que mon insuffisance me fera passer sous silence. Tant de plumes sçavantes occupées aux Annales de son Regne & au recit de ses étonnantes actions, s'en acquitteront plus dignement que moi.

Le Roi en a choisi qui ont l'honneur d'être toûjours auprés de sa sacrée Personne, Mais quelque estime qu'ils se soient acquise par leur rare merite, ils auront de la peine à faire croire à la posterité des merveilles que les premiers Rois de cette Monarchie, la tige de la Race des Bourbons, que dis-je, les Rois de ce siecle, si je les faisois sortir de leurs tombeaux ne pourroient regarder sans surprise. Ne demeureroient-ils pas aussi d'accord que tant de Bustes & de Statuës que l'amour & le respect de ses Sujets lui ont élevez, quelques marques d'honneur qu'elles puiſſent être, ne ſont point comparables aux trônes que ſes éminentes vertus lui ont dreſſé dans nos cœurs; c'eſt auſſi-là qu'il aime mieux regner que ſur toutes les Nations du monde.

Ouï Prince ſage, toûjours auguſte, toûjours victorieux, vous ne ſortirez jamais de ce trône; il vous eſt dû à tant de titres, qu'il n'y en a pas un dont vous ne puiſſiez diſpoſer. Mais vôtre pieté comteroit pour rien tant d'avantages, ſi elle ne vous preparoit une demeure bien plus auguſte, dûë à la pratique de tant de vertus, aprés le plus long Regne dont on ait jamais entendu parler. La felicité de ces beaux jours n'aura point de bornes, ſi celui qui diſpoſe du cœur des Rois, comme du cœur des peuples, écoûte les vœux que lui fera ſans ceſſe pour vôtre Majeſté le plus fidele des Sujets de vôtre Royaume.

Si ce sont-là les sentimens de tous les François, dont je ne suis que l'Interprete, ils sont encore, ces nobles sentimens, mieux gravez dans mon cœur que dans les autres ; puisque je viens de montrer l'ardeur de mon zele pour le Roi, en établissant l'autorité de sa Couronne sur le temporel des revenus Ecclesiastiques de France, dans mon *Traité des Pensions Royales*, où je fais voir que Sa Majesté en peut donner, même à des Laïques, du consentement du Pape, sur tous les Benefices de sa nomination & de sa collation : privilege qui fait l'un des plus precieux apanages de sa Monarchie. Et je me sçai bon gré d'avoir, en donnant ce Livre, fait un défi dans la plus sçavante Ville du monde, d'attaquer ma proposition, & de soûtenir que le Roi n'a pas ce pouvoir, puisque personne n'a osé me répondre.

J'ai bien ouï dire que quelques efprits revêches, gens peu fociables, *Indociles jugum pati*, qu'une Penfion pourtant apprivoiferoit & rangeroit de mon parti, ont murmuré fans fçavoir, & fans ofer dire dequoi : puifque les uns, ou n'ont lû que le titre de mon Livre dans l'Affiche, ou ne fçavent pas la matiere des Penfions, qui eft des matieres Beneficiales la plus difficile ; que les autres par une aveugle politique, ou par un zele encore plus indifcret, pour ne pas dire impudent, ou pour obtenir la Penfion qu'ils croyent, avec le public, que merite mon Livre ; (car quel tour donner à l'adreffe avec laquelle ils ont gliffé des Notes, qui devoient n'être envoyées qu'à moi, lorfque l'Auteur ne les rendoit pas publiques) ont tâché d'infinuer, qu'à l'abri du nom illuftre du T. R. P. de la

Chaise, j'avois tenté de faire passer des sentimens nouveaux, sans que ces esprits jaloux ou inquiets se soient aperçûs, que c'est par-là se declarer en même-tems & ouvertement contre le saint Siege, contre l'autorité Royale, & contre ce grand Homme à qui il est dédié. Mais comme personne n'a eu la hardiesse de m'envoyer par écrit ce qu'on a trouvé à redire, quelques mouvemens que je me sois donné depuis six mois, je n'ai pas crû devoir combattre des paroles qui s'en vont avec le vent, ou des Memoires que je n'ai point vûs, qu'on se répent peut-être d'avoir fait, & qu'un habile homme ne doit pas plus refuser, que le Soleil fait sa lumiere.

J'attens avec impatience, que ces ennemis de la puissance du Pape (s'il y en a) *stens autem dico*, de l'autorité Royale, & de la gloire du grand Mœcenas, sans le conseil duquel le Roi ne donne point les Pensions, m'envoyent ouvertement ou secretement leurs Critiques. Si leurs Remarques sont justes, je profiterai de leurs conseils, j'en ferai un aveu public, pour leur rendre l'honneur qui leur est dû. Mais s'ils se

font trompez, ils trouveront bon, s'il
leur plaît, que fans attaquer leurs perfonnes, ce qui eft indigne d'un hon-
nefte homme, d'un Chrêtien, & d'un
Prêtre, j'établiffe fur les ruines de leurs
fentimens, ce beau Droit dont nos Rois
font dans une poffeffion immemoriale,
au moins depuis qu'ils ont embraffé la
Religion de Jesus-Christ, &
toûjours du confentement des Papes. Il
faudra, dis-je, qu'ils trouvent bon que
je prouve encore plus folidement que je
n'ai fait, que ce Droit eft Canonique,
inceffible, imprefcriptible, inalienable :
& comme la Regale, auffi ancien que
la Couronne. Je le crois fi bien, que je
fuis prés de faire ici comme Heliodore,
qui aima mieux perdre fon Evêché que
fon Livre : mais avec cette difference
pourtant, que mon Traité des Penfions
Royales, doit être reconnu par un Prêtre dévoüé au faint Siege, & par un fidelle Sujet attaché à fon Prince : au lieu
que l'Hiftoire des Amours de Theagene
& de Cariclée, devoit être ou fupprimée,
ou defavoüée par Heliodore. Qu'on ne
m'accufe pas de vouloir infinuer que
mon Livre eft digne d'une grande recompenfe; mais auffi qu'on ne dife pas

qu'il n'en merite aucune, puisque si le Roi en donne tous les jours pour de petites choses, il n'en refuseroit pas à un Ouvrage fait pour établir son autorité sur la partie de son Etat la plus noble. Mais s'il ne m'en vient pas, j'aurai le sort des Gens de Lettres, qui travaillent beaucoup plus pour la gloire que pour la recompense ; & je laisserai au public à dire avec saint Jerôme, qu'il m'est plus glorieux de l'avoir meritée par plusieurs Ouvrages de Pieté, d'Erudition & d'Histoire, à l'honneur de l'Eglise & de l'Etat, que de l'avoir obtenuë : *Minus est tenere Sacerdotium quam mereri.*

FIN.

Extrait du Privilege du Roy.

PAR Lettres Patentes données par le Roy le 8. Avril 1695. Signées de ROSSET, & scellées du grand Sceau de Cire jaune. Il est permis à Messire RENE' RICHARD Prêtre, Conseiller du Roy, Historiographe des Fondations Royales de Loüis le Grand, de faire imprimer, vendre & débiter, par tel Libraire, en un ou plusieurs Volumes, autant de fois que bon luy semblera, pendant l'espace de huit ans, les Memoires qu'il a composez pour servir à l'Histoire des Fondations Royales & des Etablissemens faits sous le Regne de Loüis le Grand, en faveur de la Religion, de la Justice, des Sciences, de la Guerre, des beaux Arts, & du Commerce ; avec un Traité des Pensions Royales. Et défenses sont pareillement faites à tous Imprimeurs & Libraires & autres, de contrefaire, vendre & débiter lesdits Livres, à peine de confiscation, trois mil livres d'amende, dépens, dommages & interests, comme il est plus au long porté dans lesdites Lettres Patentes.